地方分権と政策評価

西垣泰幸 Nishigaki Yasuyuki
編著

西本秀樹
仲林真子
Werner Pascha
Wong Meng Seng
東　裕三
矢杉直也
中西将太郎
著

日本経済評論社

はしがき

　日本においては、1990年以降進展した地方分権化政策により、政策権限と税・財源の地方政府への委譲が行われている。これにより、地方分権の本旨である住民のニーズに合致した地方政府独自の政策を実行する基盤は、未だ十分とはいえないまでも、一定程度保証されるに至った。中央政府の財政赤字が大きな問題とされるなかで、行財政システムの効率化を図り、住民の満足度を改善するためには、住民ニーズに合致した公共財・サービスを、効率的なコストで、効果的に提供することが求められる。

　このような行財政運営の指針となるものが、地方分権と時を同じくして進展した新しい公共経営の考え方（NPM理論）である。これは、企業経営の考え方を応用して、住民の満足度を指標として地域経営の改善を企図するものである。そのためには、ニーズに応じた公共財・サービスが提供されているかどうかに関する意思決定プロセスの評価、政策施策の実施過程における効率性の評価、それらの結果として行財政サービスが住民の満足度を高めているかどうかなどに関する政策評価が不可欠となる。

　ところが、公共部門が実施する施策や政策には非金銭的な便益や効果が発生することが多く、したがって、行政評価や政策評価にはそれらを正しく評価するための技術的に困難な問題が伴う。また、政策評価の導入後歴史が浅いため、そもそも評価ということが正しく理解されず、完全には浸透していないと判断せざるを得ないような事例が散見されるとの指摘もある。政策評価の意義や効果に関する研究やその成果の普及が待たれるとともに、評価に伴う技術的な課題の克服を目指す研究の進展が必要となっている。本書では、

まず第1章において、西垣が地方分権の進展とともに浸透している NPM の手法において、その重要性を高めている政策評価について、その考え方や評価の手法、問題点を明らかにするとともに、各国の地方分権と政策評価の取り組みを検討している。

近年、地方財政理論の新たな展開のなかで、情報の非対称性やゲーム理論的な枠組みにおける公共経済分析が進んでいる。そして、情報の非対称性を想定し、住民・市民をプリンシパル（主権者）、政府をエージェント（代行人）とする、プリンシパル＝エージェント関係における地方公共政策の研究成果が蓄積されつつある。本書において取り上げる「ヤードスティック競争モデル」はその代表的なモデルの1つである。第2章においては東と西垣が、地方政府間のヤードスティック競争がもたらす行政パフォーマンスの改善効果に焦点を当て、行政パフォーマンスの近隣比較に基づく住民の投票行動がもたらす選挙競争が、地方政府の行動を規律付けることによる行財政効率の改善効果を取り扱うモデルを検討する。続いて、第3章においては西垣と東が、住民の行政や政策評価を明示的にヤードスティック競争のなかに取り込んだモデルを構築し、近隣諸地域のヤードスティック情報を利用した政策評価に基づくインセンティブ契約型の選挙競争が、地方政府のパフォーマンスを改善するかどうかを検討する。

先述のように、政策評価・行政評価が実効性を持たないことの主要な理由の1つは、客観的な評価基準が得られにくいことにあり、NPM 手法が求める情報を十分に提供することは困難であるといわれている。第4章においては中西と西垣が、施策、政策の諸段階における評価や、非金銭的便益評価が不可欠な公共部門の政策評価において大きな課題となる評価の数量化について検討し、それを容易にする DEA（Data Envelope Analysis）の手法について、いくつかの応用例を交えながら紹介する。さらに、第5章においては中西と

西垣が、DEA分析の応用として、都道府県レベルの行政活動を地域経営の取り組みととらえ、効率性評価を行った。これにより、行政活動の多面的な成果を数量化してとらえることが可能となると同時に、多数の地方政府を対象とするヤードスティック比較が可能となる一例が示される。

また、地方分権がもたらす地域間の競争効果が経済に与える動学的な経済成長効果は、今日、各地方政府において鋭意取り組まれている地域創成戦略の有効性の観点においても重要な課題となっている。第6章において東と西垣が、地方分権と経済成長効果の関係を実証的に明らかにする研究を紹介し、内外の研究成果の比較とその政策的含意を検討している。

さらに、地方分権における地域間競争と政府のガバナンスおよび公共選択のより現実的な事例研究として、第7章においては、仲林がNIMBY（Not in My Back Yard）施設と呼ばれる迷惑施設の建設や立地を巡る行政活動に関して、住民の社会関係資本の形成との関係で検討を行う。アンケート結果を多変量解析により処理したうえで、社会関係資本を示す主成分とNIMBY施設の受け入れに対する意向との関係性を検討し、社会的信頼やネットワークが正の関係を示すことが示される。続いて第8章においては、W. Paschaが地方分権のガバナンス効果と汚職や不正行為との関係を検討している。選挙制度、情報開示、住民の移動性、メディアの役割、市民社会の進展等、地方分権や地方政治に重要な観点との関係において、不正行為や汚職が地方分権により低減されるのかどうかについての検討を、日本の例も用いながら進めている。

最後に、第9章、第10章においては、このプロジェクトで取り組んできた電子政府評価の実践を、地方政府の情報開示とアカウンタビリティの達成、住民の政策ニーズ（Voice）把握というE-Democracyの観点を含めて一層発展させ、新たな電子政府評価モデルの構築とその応用を行う。まず、第9章

においては、Wongと西本が、日本の地方政府が提供している電子政府サービスについて、SSM（Satisfaction-Satisfaction Matrix）の評価手法を提案し、新たな評価に取り組む。日本の電子政府推進政策を諸外国と比較研究した後に、SSM分析により今後のあるべき方向性を探っている。最後に第10章においては、西本と矢杉、Wongが日本の都道府県の電子政府評価に関する検討を行い、最新の結果が提供される。そして、評価結果に対する多変量解析により、都道府県の電子政府推進の展開状況や今後の課題が示される。

　本書は、龍谷大学社会科学研究所指定研究プロジェクト「地方分権における公共部門効率化のための新たな政策評価モデル構築と国際比較（2013年度〜2015年度）」において進めてきた研究成果の一部をとりまとめたものであり、ここに龍谷大学社会科学研究所叢書第112巻として出版することができました。指定研究の推進に対して、また、本書の刊行に際してご支援いただいた社会科学研究所の皆様に感謝いたします。

　また、末尾になりましたが、本書の刊行に際してお世話になった日本経済評論社並びに、入稿から出版まで限られた期間の中で、誠心誠意編集作業とスケジュール管理を行っていただいた同社梶原千恵氏に心からお礼を申し上げます。

2017年2月

編者・著者代表　西垣　泰幸

目 次

はしがき iii

第1章　地方分権と政策評価 ……………………………西垣泰幸　1

はじめに 1

1.1 政策評価とは何か 2
   1.1.1 NPMと政策評価 3
   1.1.2 評価の基準 5
   1.1.3 評価の目的 5
   1.1.4 評価の分類 8

1.2 政策評価の諸段階 9

1.3 評価の種類について 12
   1.3.1 政策評価 12
   1.3.2 プログラム評価 13
   1.3.3 業績測定 14
   1.3.4 評価の視点との関係 15
   1.3.5 評価の実施者との関係 15
   1.3.6 事前評価と事後評価 16

1.4 政策評価の手法 17

1.5 評価の方式や基準 22

1.6 政策評価制度の導入と普及 25
   1.6.1 アメリカ連邦政府による政策評価の法定化（GPRA：Government Performance and Result Act）25
   1.6.2 日本における政策評価の導入と普及 27
   1.6.3 中央政府における行政評価の動き 28
   1.6.4 行政評価の受容と普及 29

1.7 地方分権、NPMと政策評価の各国比較 30

  1.7.1 アングロサクソン系諸国 30
  1.7.2 非アングロサクソン系ヨーロッパ 32
  1.7.3 北欧諸国 32
  1.7.4 アジア諸国 33
 1.8 地方分権と政策評価の有効性：今後に向けて 34

第2章 公共部門の効率化と地方政府間におけるヤードスティック競争……………………………………………………東裕三・西垣泰幸 39

 2.1 公共部門の効率化とニュー・パブリック・マネジメント 39
 2.2 ヤードスティック競争と公共部門の業績評価基準 41
 2.3 Beslay and Case（1995）モデル：ヤードスティック競争が政治家の行動に与える影響 45
 2.4 Bordignon et al.（2004）モデル：公共財供給費用へのショックとヤードスティック競争 58
  2.4.1 1地域ケースにおける均衡 60
  2.4.2 ヤードスティック競争下における均衡 63
 2.5 Allers（2012）モデル：地域間における財政格差とヤードスティック競争 69
 おわりに 74

第3章 地方公共財の供給、行財政評価とヤードスティック競争……………………………………………………西垣泰幸・東裕三 79

 はじめに 79
 3.1 地域間競争、ヤードスティック競争と業績評価 80
 3.2 地域のヤードスティックモデル 83
  3.2.1 仮定と基本モデル 83
  3.2.2 最適なインセンティブ契約 86
  3.2.3 情報の非対称性と線形契約問題 88

3.3　ヤードスティック評価の有効性について　91
3.4　結論　93
付論　インセンティブ契約に関する最適解の導出　94

第4章　NPM改革と行政評価：評価手法の問題点とDEA分析の提案
……………………………………………………中西将太郎・西垣泰幸　99
はじめに　99
4.1　地方財政の悪化と地方財政の課題　100
　4.1.1　地方財政の現状　100
　4.1.2　実質公債負担比率　101
　4.1.3　歳入面の課題と財政調整制度　103
　4.1.4　行政サービスの画一化と"ソフトな"財政の問題　105
4.2　NPM（New Public Management）の導入と政策評価　107
　4.2.1　NPMとは何か　107
　4.2.2　NPM導入と行財政改革の成果　109
4.3　行政評価の目的とその問題点　111
4.4　DEA分析の導入　113
　4.4.1　DEA分析の概要　114
　4.4.2　DEA分析の考え方　118
　4.4.3　CCRモデル　121

第5章　DEAを用いた47都道府県の効率性分析
……………………………………………………中西将太郎・西垣泰幸　125
5.1　47都道府県での実証分析　125
5.2　47都道府県の双対問題　133
5.3　DEA導入が政策評価に与える影響　135
5.4　今後の研究に向けて　136
おわりに　138

第6章　財政競争と地域経済の成長……………………東裕三・西垣泰幸　141
　はじめに　141
　6.1　地方創生とその重要性　142
　　6.1.1　地方創生政策　142
　　6.1.2　地方創生政策の実際　144
　6.2　地方政府間競争が地域経済成長に与える影響：Hatfield and Kosec（2013）による分析　146
　6.3　これまでの日本の地方財政と地域経済の成長に関する研究　148
　おわりに　149

第7章　ソーシャル・キャピタルとNIMBY問題…………仲林真子　153
　はじめに　153
　7.1　ソーシャル・キャピタルの学術的な位置づけ　154
　7.2　先行研究　155
　7.3　ソーシャル・キャピタルに関するアンケート調査　156
　　7.3.1　アンケート調査集計結果　156
　　7.3.2　主成分分析　159
　7.4　回帰分析　162
　7.5　結論　163

第8章　地方分権、不正行為およびアカウンタビリティ：政治経済からの考察と日本のケース………………Werner Pascha（西垣泰幸訳）　169
　はじめに　169
　8.1　理論的なケース：どのような場合に地方分権が望ましいのか　171
　8.2　実証的証拠：日本のケースの考察　180
　8.3　地方分権の枠組みにおいてアカウンタビリティに影響する諸要因：日本の考察　182

  8.3.1　不透明（intransparent）なネットワークの普及　185
  8.3.2　選挙の制度　186
  8.3.3　中央政府の統率（supervision）　186
  8.3.4　移動性　187
  8.3.5　情報開示　188
  8.3.6　法廷システムの役割　189
  8.3.7　メディアの役割　189
  8.3.8　市民社会（civil society）の役割　190
 おわりに　191

第9章　MMS手法による電子政府サービス評価
 ………………………………………………Wong Meng Seng・西本秀樹　197

 はじめに　197
 9.1　日本の電子政府サービス　197
 9.2　電子政府の評価ツール　200
 9.3　「満足度 - 満足度マトリックス手法（SSM）」　201
 9.4　SSMの適用事例　202
 9.5　本章の結論に代えて　205

第10章　地方政府の情報発信とアセスメント
 ………………………………………西本秀樹・矢杉直也・Wong Meng Seng　211

 はじめに　211
 10.1　背景　212
 10.2　調査の概要　214
 10.3　4つの評価指標　216
  10.3.1　内容完備性（提供情報の充足度）の評価　216
  10.3.2　ユーザビリティの評価　217
  10.3.3　アクセシビリティの評価　217

10.3.4　フィードバック（窓口の応答性）評価　218
10.4　探索的因子分析の実施　220

第1章
地方分権と政策評価

西垣泰幸

はじめに

　1990年代以降、バブル崩壊後の長期化する深刻な不況のなかで、日本の財政は悪化の一途をたどっており、現在では、単年度の財政赤字、累積国債の比率ともに深刻な状況にあるといわれている[1]。すでに海外では、1980代以降の不況を背景に、先進諸外国を中心に規制緩和と市場競争の促進、公共部門の民営化の動きが一定の成果をみせてきた。日本においても、経済の活性化や公共部門の効率化の必要性が認識されるようになり、地方分権が推進されるようになった。その目的は、規制緩和と市場競争重視政策の流れのなかで、中央政府の権限と予算の地方政府への配分を通じた政府部門の効率化を図ることであり、中央政府の大きな財政赤字のなかで、少子高齢化社会の限られた財政資源を配分するメカニズムとしての地方分権的財政システムが選好されていることに他ならない。

　公共部門や自治体の抜本的な行財政改革が求められるなか、公共部門に民間的経営手法を導入するNPM (New Public Management) が注目を集め、行政評価や企業会計の手法などが、全国的に次々と導入されていった。NPMと

は、民間企業における経営理念・手法、さらには成功事例などを公的機関の現場に導入することにより、公共部門の効率化と活性化を図ろうとする取り組みであり、1980年代以降欧米先進諸国において導入されてきた。NPMは、国や地域、時代により多様な展開をみせているが、その根底にある共通点は、市場メカニズムの活用、顧客主義への転換、業績成果による統制、ヒエラルキー構造の簡素化が指摘されることが多い[2]。いわゆる政策評価は、そのような取り組みにおいて、政策やプログラム、プロジェクトなどの優先順位の設定、効率性の測定、有効性の評価などを重要なポイントとする取り組みである。

　本章においては、政策評価の検討を中心に、地方分権改革と不可分なNPM理論の検討、政策評価に用いられる手法や評価の基準、日本における政策評価の取り組み、さらには、各国の地方分権とNPMの取り組み状況を考察し、本書全体の議論の導入としたい。

1.1　政策評価とは何か

　評価という言葉は、民間企業においては、経営や生産システムの効率化など、業務の一環において当然のように用いられ、また、実施されてきた。近年、中央財政から地方分権とNPMを主眼とした公共部門改革の流れのなかで、業績評価や政策の立案・実行に伴う評価など、公共部門における評価も求められている[3]。公共部門における評価は、政策評価、行政評価、事業評価、業績評価、環境評価など多くの場面において求められ、重要な位置を占めるようになっている。また、これらの評価は政策の立案、実施プロセスにおいて互いに密接な関係を持つものであるが、それらの区別や定義、位置づけなどが明確でないまま用いられ、実施されてきたことも否めない。

1.1.1 NPM と政策評価

　NPM は、欧米諸国において公的部門の改革のための基本的な考え方であり、住民や納税者の視点から行政の成果や満足度の向上を目指す取り組みである。そこにおいては、市場競争の推進やそのための規制緩和を推進するサプライサイドの政策の下で、公共部門の効率性やサービスの質の向上を目指した改革を進めるための標準的な手法となりつつある。行政活動が結果として何をもたらしたのかを問い、その成果や効率性の向上に取り組むことにより自治体の運営に変化が訪れている。そして、政策評価は NPM 手法による公的部門の改革を進めるための重要な1段階を構成している。

　NPM が行政改革の手法として注目を集めるようになったのは 1980 年代以降のことである。日本では、「新しい公共経営」と呼ばれ、経営管理、公共選択、組織内の意思決定などの学問的基礎を、公的機関の経営管理に応用しようとする取り組みである。NPM の基本的な発想は、目標管理型の業績・成果によるコントロールを行い、科学的評価や実験計画法と実践的評価を両立させようとする考え方が背景にある。その理論的な基盤となったのは、D. T. キャンベル（Campbell, 1969）による「実験に基づく改革（Reforms as Experiments）」であった。しかしながら、実際の政策は、理論的に単純に割り切れるようなものでなく、複雑な要因が絡み合っている。政策評価の目標も、客観性を追求するよりも意思決定や利害関係者（Steak Holder）の行動に資する実用的な評価が優先されるべきであるとされている。

　以下では NPM の理念や手法を簡単に紹介する[4]。

(1) NPM の指向

　NPM の基本的な理念は、どれだけ多くの政策を実施するかではなく、政策目標がどの程度実現したかという、成果重視の評価に重点が置かれる。無

駄な投資を避け、効率性を重視した政策経営を実現し、いわば投入指向型から、成果指向型の行政へと評価の考え方が根本的に転換した。

(2) 業績指標を用いた評価

　NPM を実現する具体的な方法として、成果や顧客満足度にかかわる業績指標を設定して、その達成状況を常時監視するモニタリング的評価が行われるようになっている。コストベネフィット分析にみられる厳密さの追求は必ずしも採用されていない。地方自治体におけるサービスは住民の生活に密着するものが多く、新たにどのようなサービスを行うかというような問題よりは、サービスを行うことは当然として、それをいかに効率的に行うか、どのようにして費用を抑えるか、サービスの水準を高めるかという問題に重点がある。

(3) アウトカムの重視

　モニタリング的評価の実例として、アウトカム（効果：Outcome）重視の考え方がある。それは、たとえば、道路改良事業における成果目標としての平均走行速度、交通量、事故件数、大気汚染、騒音などである。これらの指標は、政策的に制御できない社会経済環境の影響を強く受ける可能性があるなど、過度の使用には慎重であるべきとの意見もあるが、簡便で分かりやすいため、行政により多く採用されている。

(4) 市場テストの導入

　市場テストは、イギリス政府が 1992 年に導入したもので、能率と効果を向上させるために、役所の事務部門など民営化になじみにくいと考えられてきた業務分野に対しても、従来の担当部局と民間企業とを入札で競わせて実施

者を決定する方式である。イギリスにおいて、内国歳入庁の情報処理部門を職員を含めて民間委託したケースや、アメリカにおいても、インディアナポリスにおいて排水処理、ごみ処理、道路補修等を民間委託した例がある。

1.1.2 評価の基準

評価においては、政策やプログラム、事務事業の成果や影響を、どのようにとらえ、どのように計測するのかが問題となる。それは、影響や効果をどのような指標により測定するのか、どのような基準を用いて評価するのか、評価のための指標は一元的でよいのか、あるいは複数の視点が必要なのかという問題である。

一元的な指標を用いる例としては、古くから用いられてきた費用便益分析がある。そこにおいては、主として貨幣価値により測られる投資費用との比較可能性を高めるため、政策やプロジェクトの影響や効果をさまざまな手法を用いて貨幣測度に換算し、共通の指標を用いて費用と便益の直接比較を行う[5]。それに対して、複数の異なった基準を用いる場合には、貨幣測度において計測できるものばかりでなく、そのほかの定量的に計測される指標や、ABC評価などの定性的な指標も用いて補足する。

1.1.3 評価の目的

評価の目的すなわち、何のために評価をするのかということに関しては、いくつかの分類がある。そのなかで、最も包括的な分類として以下のような7分類がある[6]。

(1) 目標志向型評価（Goal-oriented Evaluation）
(2) 意思決定志向型評価（Decision-oriented Evaluation）

(3) 応答的評価（Responsive Evaluation）
(4) 評価研究（Evaluation Research）
(5) 目標開放型評価（Goal-free Evaluation）
(6) 支援＝対抗型評価（Advocacy-adversary Evaluation）
(7) 活用志向型評価（Utilization-oriented Evaluation）

　目標志向型評価とは、特定の目標を達成するために、評価対象の成果や効果を評価するものであり、たとえば教育評価などがこれにあたる。意思決定志向型評価は、意思決定を行うための判断を支援する情報を提供するために評価を行うもので、定性的評価と定量的評価の両方がある。応答的評価は、プログラムのプロセスと、その関係者の持つ価値観の間の関係をみるものである。評価研究における評価では、効果の説明や因果関係の確認、プログラムの有効性などをみることを中心とし、定性的評価も定量的評価も利用される。目標開放型評価は、プログラム自体の枠組みや目標とは別の基準に基づいて、プログラムの効果のみを評価するものであり、特に実際のニーズが満たされているかどうかを問題とするものとされている。支援＝対抗型評価は、特定のプログラムを推進したり、別のプログラムを支援するといった、異なる意見のあいだで行われる評価である。活用志向型評価は、特定の利害関係者や利用者が、その評価結果を最大限活用するために行われる評価をいう。
　他方、以下に示されるように、政策評価の目標をより簡単に３つに大別して示す方法もある。

(1) アカウンタビリティの追及のための評価
　一般的に、評価は、政府機関の活動が有効であるかどうか、目標が達成されたかどうかを明らかにするために行われる。対象となる政府活動が政策に

関するものであれば政策評価が行われ、個別の事業活動であれば事業評価が行われる。そこにおける主眼は、現在実施している政策や事業がその目標を達成しているかどうか、その効果や有効性を立証できるかどうかが問題とされる。

(2) 政策の内容にかかわる専門的な知見の提供のための評価
　これは、たとえば評価の対象が教育政策の場合には教育学の領域に対して、また、医療政策の場合には医療の学問領域に対して評価による情報や知見を提供し、それにより義務教育の新しいカリキュラム開発など教育政策の新しい展開に寄与したり、また、医療体制のありかたの再検討に役立つ情報や知見を提供するための評価である。

(3) 公的組織のマネジメントに貢献するための評価
　政策や事業を実施している政府や公的機関、NPOやNGOなどの組織運営の効率性や人的、物的投入資源の生産性、それらが行う政策や事業の有効性などを評価することにより、組織運営の改善に寄与するために行う評価である。この場合、「行政評価」と呼ばれることがあるが、組織が利用する政策手段の成果、政策の有効性や課題の解決状況といった包括的な情報を利用できるものでなければ、単なる組織の経営・運営評価（Management Review）にとどまる可能性もある。

　このように、評価の目的の分類にはいくつかのものがあるが、評価の内容には、客観的な数値を用いた定量的なデータや、客観的な基準により測定された定性的なデータを用いて、比較的明確な基準により判断する評価と、政策やプロジェクトの目標や狙いに関して価値判断を行うような評価があるこ

とに注意しなければならない。したがって、評価を行う場合には、その目的が何であるかを明確にし、客観的な評価と価値判断が伴う評価とを峻別しながら進めることが肝要である。

1.1.4　評価の分類

評価にはどのような分類があるのであろうか。OECD の委員会においては次のように分類している（OECD, 1999）。

(1)　科学的検討（Scientific Studies）
(2)　伝統的監査（Traditional Audits）
(3)　監視・観察（Monitoring）
(4)　業績測定（Performance Measurement）
(5)　政策分析（Policy Analysis）

ここで科学的検討とは、評価において得られたデータ、情報をデータ解析など科学的な手法を用いて分析・検討することを意味しており、その検討方法による分類といわれる。それに対して伝統的監査は、予算が公正に執行され、効率的あるいは有効に目的が達成されたかどうかを検討するものである。監視・観察は、計画されたプロジェクトやプログラムが予定通りに実施されているかどうか、また、想定した成果や結果が得られているかどうかを検討するために、より深い情報を得るための評価である。業績測定は、プロジェクトやプログラムの達成度や成果に対する説明と、それに対する貢献を評価するものである。最後に、政策分析は、政策評価とも共通するところがあるが、ここでは主として「事後評価」による政策効果の分析、あるいは「将来の政策選択に資するため」の事後資金評価などが中心となる。

以上のように、ここでは評価のレベルや対象によって評価を分類しているが、このほか、プロジェクトの投資家の立場に立った評価としての財務分析と、国民経済にもたらす費用と便益により評価する経済評価とに分ける方法もある。近年注目されている NPM では、公共部門の業績評価が重要な課題となっているが、それは、公共部門の組織としての活動を、その業績の観点から評価する「管理評価」と、当該組織の目標である政策やプログラムに対する評価を行う「政策評価」とに分けられる（中井 2005）。

1.2 政策評価の諸段階

政策評価には、その対象に応じて、行政評価、政策評価、施策評価、事業評価などがあり、評価の対象あるいは評価を用いる主体により評価の意味が異なっている。以下では、評価の対象やその主体である公共機関や組織により評価がどのように異なるのかをみてゆこう。

(1) 政策、施策、事業の諸段階

一般的に行政活動の評価を考える際には、その活動を対象範囲の広範さにより分類し、カテゴリーの広い順に政策、施策、事業という3階層の活動としてとらえられることが多い。すなわち、特定の目標に対して政策を決定し、その政策を具体化するために、通常複数の施策レベルのプログラムを作成する。そして、そのプログラムを実行に移すための手段として、複数の個別事業あるいはプロジェクトを実行する。このように、公共部門の活動が階層構造をもって計画され、実行されると考えられ、それぞれの階層において評価を行うことが想定されている（図1-1）。

図1-1　政策評価の階層

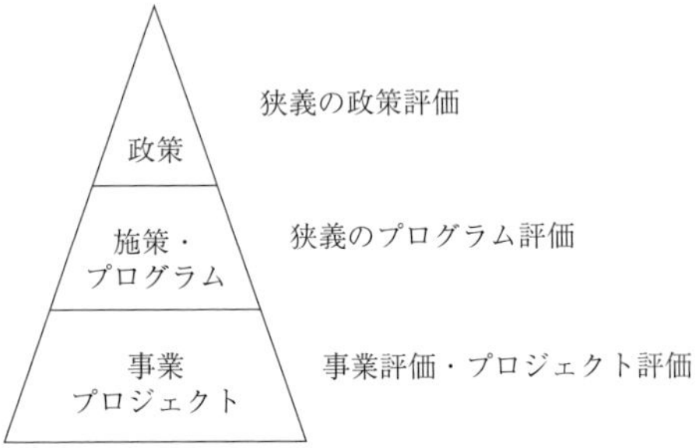

```
         ／＼
        ／政策＼        狭義の政策評価
       ／─────＼
      ／ 施策・  ＼      狭義のプログラム評価
     ／ プログラム ＼
    ／─────────＼
   ／   事業・      ＼   事業評価・プロジェクト評価
  ／  プロジェクト    ＼
 ／─────────────＼
```

出所：山谷（2012）に基づき作成。

(2) プログラム

　行政活動を時間の経過とともに見てゆくと、4～5の段階に区分されることが多く、これは行政の政策過程と呼ばれている（山谷2012）。政策過程はまず、政策を設定するための現状や課題の分析、評価が必要となる。そして、そのような調査に従って、政策の設定（Agenda Setting）が行われる。そして、その政策を実行するための具体案を構想する政策立案（Policy Making）の過程があり、立案された政策を実施するかどうかを決定する政策決定（Policy Decision）の段階がこれに続く。決定された政策は、政策実施（Policy Implementation）の段階において実行に移され、そして最後に、実施された政策の結果あるいは成果をもとに評価が実行される。このように、政策の策定から実施評価までの時間軸を考えて、課題の設定、立案と決定、執行、評価という4つの過程を踏むというのが政策あるいはプログラムのサイクルと考えられている（図1-2）。

図1-2　NPMと政策評価

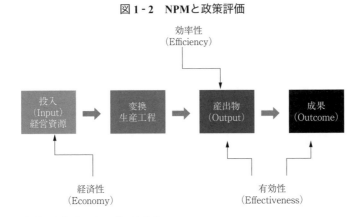

出所：中井（2005）に基づき作成。

(3) マネジメントサイクル

　先述のように、NPM の行政運営の理念によれば、民間企業における経営手法などを公共部門の活動にも導入することにより公共部門、行政部門を効率化、活性化することが企図されている。そのために、公共部門の活動に plan（企画）- do（実施）- see（評価）のマネジメントサイクルとよばれるプロセスを導入し、公共部門の行動サイクルとしてとらえられる。

　このマネジメントサイクルは、一般的にはインプット（Input）、アウトプット（Output）、アウトカム（Outcome）という一連の行動ととらえることが一般的である。つまり、プロジェクトや事業のために人的、物的資源や資金を投入し、公共財やサービスをアウトプットとして産出し、産出したアウトプットをもとに公的な活動を実行する。そして、これらの活動により得られた成果をアウトカムと考えて評価するのである。

1.3 評価の種類について

次に、様々な評価の対象、実施主体、実施時間について、評価がどのように行われるのかを検討しよう[7]。

1.3.1 政策評価

行政活動を階層化して、政策 - 施策 - 事業という3階層によりとらえる場合には、どのレベルでの評価か、あるいはどの時点での評価かにより分類することができる。

どの階層における評価か
- 政策評価：政策とその目的の間の因果関係を評価するもの
- プログラム評価：施策のためのプログラムとその目的との間の因果関係を評価するもの
- プロジェクト評価：実際に実行するプロジェクトあるいは事業について、プロジェクトとその目標の間の因果関係を評価するもの

どの段階における評価か
- 設定：政策を実施する前の事前評価であり、政策の必要性に関する評価などが行われる
- 立案と決定：事前評価として、政策の必要性に関する評価や政策の効果に関するインパクト分析などが行われる
- 執行：執行段階における評価であり、執行評価と呼ばれる。政策の実施段階におけるプロセス評価が中心となる

・評価段階：政策実施後の事後評価として、政策効果に関するインパクト評価や、政策への投入とその成果に関する効率性の評価などが行われる

1.3.2 プログラム評価

行政活動のプログラム階層における評価についても、4ないし5段階の政策過程をもとに、以下のような評価の体系が考えられる。

(1) プログラムの必要性に関する評価（Needs Assessment）
(2) プログラムの妥当性に関するセオリーの評価（Assessment of Program Theory）
(3) プロセス評価（Process Evaluation, Assessment of Program Process）
(4) プログラムの効果に関するインパクト評価（Impact Assessment）
(5) プログラムに関する効率性の評価（Efficiency Assessment）

プログラム評価に関するこれら5つの評価の段階を、政策過程に沿って説明すれば、以下のようになる。プログラムの実施前に行う事前評価として、まず、プログラムの設定の段階において、そのプログラムを実施する必要があるかどうかの「必要性の評価」を行う。次に、政策の目的や目標に対して、実施するに妥当なプログラムであるかどうかを検証するセオリー評価を実施する。続いて、そのプログラムの実施により、どのような効果が期待できるのかに関するインパクト評価を行う。

プログラムの実施段階においては、そのプログラムが計画通りに実施されているかどうかに関して、実施過程を評価するプロセス評価を行う。さらに、プログラムが実施されたのちに、当初想定された目的や目標に対して達成の度合いや、改善効果を評価するインパクト評価と、プログラムの実施にあたっ

ての効率性を検討する効率性評価が行われる。

　プログラム評価の中心は、やはりインパクト評価であり、プログラムによりどのような成果が期待され、期待された成果が得られたかどうか、成果が課題の解決や現状の改善にどのように有効であるかを評価するものである。

1.3.3　業績測定

　先述のように、公共部門の活動サイクル、あるいはマネジメントサイクルは、一般的にインプット→アウトプット→アウトカムととらえられることが多い。業績測定（Performance Measurement）は、アウトプットやアウトカムについて目標の達成に関する具体的な指標をあらかじめ設定し、その目標値に達しているかどうか、あるいは、比較可能な近隣の自治体や類似の機関と比較して良好であるかどうかなど、指標を比較することによって評価をするものである。

　NPMにおいては、業績評価を経済性（Economy）、効率性（Efficiency）、有効性（Effectiveness）の３つの観点から進めてゆく。ここにおいて、経済性とは事業に投入される人的、物的資源や資金のムダを最低限とすることであり、効率性とは、一定の投入資源に対してアウトプットの極大化を図るものである。有効性とはアウトプットを通じて実現されるアウトカムを改善することを示す。すなわち、実現したアウトプットが、求められている目的や目標に到達しているかどうか、あるいは期待された成果が発揮されているかどうかを評価するものである。

　このような業績測定においては、事業やプロジェクトの達成度に関してどのような指標を設けるか、また、成果の有効性をいかに評価するのかなどの問題が重要になる。さらに、有効性や効率性は、該当する事業やプロジェクトばかりでなく、より高次の政策そのものに関することも多く、政策評価全

般にかかわる問題といえよう。

1.3.4 評価の視点との関係

プログラム評価と業績測定はいずれも政策評価の一環であり、対称とする公的活動における位置づけ（階層）が異なることに他ならない。しかしながら、それらの発展の経緯から、評価の当事者や視点に関しては大きな差がある。つまり、業績評定はプロジェクトや事業の執行機関としての視点から効率性を検証することに重点を置き、プログラム評価は、政策立案者の視点から、予算編成における効率的な予算配分を行うために行う評価である。このような視点は、かつて1970年代にアメリカで推進されたPPBS（Planning Programming Budgeting System）が目指した目標にほかならず、政府あるいは政策立案を行う立場からのものである。

別の観点からの評価の分類として、プログラム評価と業績測定を含んだ形で、以下のように分類するものもみられる。

(1) 評価：特定の政策、プログラム、プロジェクトの成果や効果からその価値を評価する
(2) 妥当性検証：特定の政策やプログラム、プロジェクトが所期の目的を達成しているかどうかを政策目標と効果の妥当性の観点から検証する
(3) 業績測定：投入資源とアウトプット（成果物）の間の効率性を測定する

1.3.5 評価の実施者との関係

政策評価を行う主体が誰であるのかとの関係においても、政策評価はいくつかに分類される。一般的には、政策やプログラムの実施機関などが行う「内

部評価」と、納税者や民間機関など内部者とは異なる組織、あるいは影響を受ける個人または組織による評価とに分けられる。

(1) 政策実施者による自己評価
(2) 評価機関による第3者評価
(3) 受益者、納税者など利害関係者による評価
(4) 専門家、知識人による外部評価

1.3.6 事前評価と事後評価

政策にはどの時点で評価を行うかにより、事前評価、中間評価、事後評価の3つに分類される。このうち事前評価は、プログラムやプロジェクトといった政策や施策・事業を行うとき、それによりどれだけの成果を挙げることができるかを検討することで、これらのプログラムやプロジェクトを実行に移すかどうかを判断する材料とするために行われる。いくつかある代替的な政策間の妥当性を判断するなど、政策やプログラムの形成において利用される。

次に、中間評価とは、プログラムやプロジェクトが決定され、執行あるいは実施の段階において、適正に予算が執行されているか、また、計画された効果が挙げられているかなどの点について、プログラムやプロジェクトの執行途中で評価するものである。この中間評価をもとに、必要な場合には、実施計画や実施プロセスの見直しが行われる。

最後に、これらの政策や事業を行った結果、当初に予定していた効果や成果が達成されているかどうかを評価することが事後評価である。政策やプログラムの終了後に行われるインパクト評価や効率性評価がこれにあたる。

先述のPPBSにおいては、予算配分の適正化が主眼になるので事前評価が

重視されるが、公共部門にマネジメントサイクルを導入して効率化や活性化を図ろうとする NPM においては、事前評価、中間評価に加えて、企図された効果や成果に関する事後評価が重要な位置を占めている。また、公共部門の経常的な業務については事後評価が中心となり、公共事業においては事前評価が中心となっている。さらに、新規プログラムを実施する際には、事前評価を行うと同時に、事後評価も求められる。公共事業を中心としたプロジェクト評価では事前評価が主として進められ、業績評価における業績測定は、あらかじめ設定された数値目標がどの程度達成されたかを検討するものであり、事前評価と事後評価が組み合わされたより簡便な方法とみることもできよう。

1.4 政策評価の手法

政策評価は、政策に関する情報を集め、それを分析・評価する2つのプロセスからなる。この2つのプロセスはどちらが欠けても十分な評価はできないし、また、いずれかのプロセスに偏向があれば、客観的な評価はできない。政策評価にとって不可欠のこれらの情報収集や分析・判断のために、一定の技術的な手法が蓄積されてきた[8]。

まず、情報収集については、それらは①数字や数量的に表現したカウント可能なデータの収集、②物事の特徴や特質に注目したデータを収集する技術である。また、分析・評価については、(a)数や回数、数量単位を見て解析する技術、(b)傾向や趨勢を探り、あるいは程度をみて分析する技である。政策評価において利用可能な手法を、これら2通りの手法により分類すれば、表1-1のようになる。

表のIには、費用便益分析（Cost-Benefit Analysis）や費用対効果分析（Cost-

表 1-1　政策評価の手法

	(a) 定量分析 (Quantitative Analysis)	(b) 定性的分析 (Qualitative Analysis)
① 数量情報	Ⅰ (費用便益分析、費用対効果分析、産業連関分析)	Ⅱ (ブレーンストーミング、KJ法)
② 定性的情報	Ⅲ (定性的、質的なデータの数値化など)	Ⅳ (オーラル・ヒストリー、フィールド・ワーク)

出所：山谷（2012）に基づき加筆。

Performance Analysis)、あるいは産業連関分析（Input Output Analysis）などの数量的な分析が入る。オーラル・ヒストリーやフィールド・ワーク、参与観察、エスノグラフィーなど質的な研究はⅣに区分される。また、Ⅱのように、数量的なデータを用いてデータにより示される情報の意味をブレーンストーミングやKJ法によって整理・構造化したり、Ⅲにおいては、社会調査の定性的、質的なデータを比較し、その比較を数値化して示すという方法もある。以下では、政策評価において比較的よく利用される手法に関して、いくつかの補足的な手法を述べる[9]。

(1) PPBSと費用便益分析

評価を行政運営に本格的に取り込もうとする努力は、1960年代のアメリカにおいて開発されたPPBSによるもので、1965年にはアメリカの連邦政府に新しい予算編成システムとして導入された。PPBSにおいては、費用便益分析が評価のための基本的な手法として用いられ、その後、この手法についてはさまざまな観点からの研究が蓄積されてきた。

費用便益分析の基本的な特徴を簡単に記述すると、以下のようになる。まず、これが公的部門の活動の評価に応用される場合には、社会的コスト（Social

Cost）と社会的便益（Social Benefit）を計測することにより、当該事業によりどの程度の準便益が社会にもたらされるかを計測するものである。利用者の需要にかなう公共事業が、本当に効率的に実施され、企図される効果を発揮しているのかは、納税者にとって重要な問題である。それは、無駄あるいは不必要な公共事業に対するマスコミ報道が、特に関心を集めることからも首肯できるところである。費用便益分析を利用すれば、プロジェクトの費用とそれがもたらす便益との比較から、プロジェクト推進の可否や、あるいは代替的なプロジェクトとの優先順位を決定することができる。

　しかしながら、貨幣価値により示される投資費用やその収益（便益）の比較による投資決定手法を、非金銭的な費用を含む社会的費用や、同じく非金銭的な便益を含む社会的便益の概念に拡大することに伴って、非金銭的な費用や便益の取り扱いが大きな問題として指摘されてきた。特に、政策の成果や効果のすべてを（金銭的な）便益として計測し、費用と便益をもとに評価する手法は、公共サービスなどを中心とした自治体への適応において多くの問題点が指摘されてきた。

　公共プロジェクトにおける非金銭的費用や効果の計測に当たっては、潜在価格（Shadow Price）法が用いられることが多い。これは、市場価格を何らかの基準により修正する方法により、比較可能な価格を導出する方法である。たとえば、道路投資による通行車両の時間短縮効果に関していえば、短縮された時間を公共事業の便益ととらえ、利用者の時間当たり賃金などを基準に金銭的便益を計測するものである。このほか、図書館や美術館などの文化的価値をもたらす事業の場合には、利用者の便益を測定する手がかりとして、利用者がその施設に来館するために使った交通費と、その必要時間および滞在時間に利用者の時間当たり賃金を用いて算出した金額の合計を金銭的便益として計測する、トラベルコスト（Travel Cost）法などが利用される。

(2) ヘドニック価格法（HPM：Hedonic Price Method）

住宅価格や地価が、社会資本の便益に依存する場合、たとえば、交通条件の良いところの地価や住宅価格は高くなり、悪いところは低くなる場合、この価格差をもって交通社会資本の便益と見なすことができるであろう。ヘドニック価格法（HPM）は、このような住宅価格や地価といった不動産価格のクロスセクションデータを用いて、その価値の差から社会資本や環境の価値を計測するときに用いられる。この手法は、環境の改善など多くの非市場財に応用することができるが、同時に、いくつかの困難も存在する。その1つは、クロスセクションにより推計する場合、推計誤差が大きくなることが多く、信頼性の高い結果を得るためには多くのデータが必要となる。また、不動産価格は通常複数の要素の影響を受けていることが多い。たとえば、住宅価格は都心への通勤時間、敷地面積、周辺環境などの特性ベクトルで表すことができるかもしれない。そのなかから、必要な要素だけを抜き出すためには、ヘドニックモデルと呼ばれるいくつかの理論的想定の下で推計を進めてゆく必要がある。

(3) 顕示選好法（CVM：Contingency Valuation Method）

対象とする社会資本や環境改善の便益として、受益者が最大限支払ってもよいと考える金額（WTP：Willingness to Pay）を、アンケートやインタビューなど質問により聞く方法である。得られた評価額は、補償変分あるいは等価変分として経済学的な意味を持つ。この手法は簡便で適応性も広いものであるが、WTPを求めるにあたり行う説明の方法、質問者、質問の方法などにより評価額が影響を受ける可能性が高い。評価バイアスと呼ばれるこのような問題を低減するために、安定的な評価が得られる質問形式の工夫や適切な統計モデルの開発が必要となる。

(4) コンジョイント法（ACA：Alternatives to Conjoint Analysis）

ACAは、ある財について数種類の異なる属性を記入したプロフィールデータを回答者に示し、それを望ましい順位並べ替えてもらうことで選好順位を明らかにし、それにより評価を行う手法である。これは、マーケティングリサーチの分野で開発され、発展してきたものである。人々が商品を購入する場合、価格や性能といった単独の要素だけに着目して評価をしているわけではない。通常は、価格、性能、デザイン、メーカーのイメージなどを総合的に判断して購入するかどうかを判断している。ACAでは、このようないくつかの特性を分解し、それぞれ相対的に評価してもらうことにより回答者の評価の重みづけを明らかにする。多くの要素からなる商品の好き嫌いの程度が順序関係で与えられたとき、個々の要因の効果やその同時結合尺度（Conjoint Scale）を同時に推計し、どの要因が好みの判断に影響を与えたのかを解析するものである。

(5) 産業連関分析（IOA：Input-Output Analysis）

日常生活に必要な消費財や企業の設備投資に用いられる資本財は、農林水産業、製造業、サービス業など多くの産業によって生産されている。これらの産業は、それぞれ独立して活動しているのではなく、原材料や中間投入の取引を通じて互いに相互依存の関係にある。この相互関係に着目して解析する手法が産業連関分析である。各産業の密接な連関の中で、特定の財の需要増加は、その財の産業部門における生産の増加ばかりでなく、各関連産業に直接、間接の需要増をもたらす。このような産業の生産活動の変化は、消費者の需要に影響を与えるばかりでなく、各産業で雇用される従業員の給与に影響を及ぼし、それがまた、新たな需要増につながる。産業連関分析においては、そのような生産活動の波及を包括的にとらえることができる。

(6) 包絡分析法（DEA：Data Envelope Analysis）

　包絡分析法（DEA）は、公益事業などの効率性を評価する手法として近年急速に普及してきた。これは、多入力・多出力のシステム分析においても効率性評価が可能であり、評価に用いるデータの制約が少ない、容易に改善点を示すことができるなど、政策評価にあたって大きなメリットを持つ分析手法といえる。DEA においては、分析対象となる企業や公共事業体を DMU（Decision Making Unit）と呼び、実績データに基づいて最も効率的な事業を営んでいる DMU の生産性（効率的なフロンティアー）を基準として、それ以外の DMU の非効率性を測るものである。一般的に、各事業体による諸活動は、さまざまな資源を投入し、生産物やサービス、あるいは便益を得る一種の生産活動とみることができる。そこで、ある事業者がある産出高を得るためにどの程度の投入要素を用いたのかという「投入／産出」の比が、生産性を測る物差しとなる。DEA 分析においては、DMU の生産活動の関数形を特定することなく、しかも多入力・多出力のシステムにおける効率性も計測可能である[10]。

　昨今の厳しい財政状況のなかで、公共部門の提供する公共財やサービスは、効率的な供給が強く求められているが、従来の手法では特に投入要素や産出物が多い公共事業体について、効率性評価が困難であった。DEA 分析はその解決を与える有力な手段となる。導入当初は、公益事業や学校、病院といった事業体の評価が中心であったが、現在では自治体の総体的な効率性評価等にも活用されている[11]。

1.5　評価の方式や基準

　評価の方式や基準は、実施主体である自治体や機関ごとに異なっている。

ここでは、そのなかで代表的な例や先進的な取り組みの事例を、主に評価方式や基準について述べる。

(1) ベンチマーキング（Benchmarking）方式

一般的にベンチマーク方式と呼ばれ、政策の実施状況を具体的な数値により示すことをいう。過去の実績や、他の類似自治体や比較可能な民間企業と比較しながら時系列的にデータを活用することにより、個々の業務単位の目標が妥当な水準であるかどうかの確認をし、政策の達成度管理をすることが可能になる。さらに、ベンチマーク方式の目的は、類似自治体との比較や、当該自治体の過去の実績値との比較することにより、客観的な政策目標の設定を行うことが可能になり、効果的な政策を導き出すことにある。

ベンチマーク方式の代表的な例は、1986年にアメリカのオレゴン州において導入されたいわゆるオレゴン・ベンチマークである。オレゴン州は1980年代後半において、州民平均所得が全米平均を下回り、また、不況や雇用不足に悩まされていた。これらの課題克服を目指す総合政策（Oregon Shines）において、住民とのパートナーシップのもと経済環境の総合的な改善をはかり、新規事業や従来事業の見直しにおいて優先順位を明確にして取り組むことが目標とされた。その目標設定や政策の達成度の管理のために、多数のタウンミーティングや住民アンケートを経て包括的なベンチマークを設定した。

公共料金の設定において、比較可能な産業や類似企業の費用情報などを利用して料金規制を行うことにより、特に、相異なる2つの企業に対して互いの情報を料金設定に利用すれば、2企業間で競争関係が生じ、生産の効率化や費用削減につながることを明らかにしたのはShlifer（1986）であった。このような料金のインセンティブ規制は、「ヤードスティック規制」として知られている。このような考え方を公共部門のパフォーマンス評価に応用したも

のが「ヤードスティック競争」の理論である。Seabright（1996）や筆者たちの一連の研究は、類似自治体間や隣接自治体間で、互いの実績をベンチマーキングして利用すれば、政策目標の設定やプロジェクトの執行管理においても、同様の競争効果が期待できることを明らかにしている。

(2) ポイント方式

事業の評価を点数により行う方式であり、評価の内容については項目ごとに点数配分を決め、重要な項目ほど配点を高くする。たとえば、財政健全化のための評価であれば、公的関与の妥当性や費用対効果の観点を中心に、評価対象事業ごとにABCD評価を行い、そのうえで、施策単位にコメントをまとめる。書類上の評価だけでなく、事業所管局のヒアリング等も踏まえて取りまとめることによりさらに効果が上がる。採点の結果、「A：計画通りに事業を進めることが適当」、「B：事業の進め方の改善を検討」、「C：事業規模・内容の見直しを検討」、「D：事業の抜本的見直し、休・廃止を検討」などのように、ランキング結果を公表する。

(3) チェックリスト方式

評価すべき項目についてあらかじめチェックリストを作成し、評価者が項目ごとにチェックを入れる方式であり、計画事業について事業の目的や内容の適正さなどを検討し、今後の方向性を評価する。この結果を、新たな計画策定の基礎資料や、今後取り組む行財政改革プランの策定などに利用できる。チェックシートは、政策の体系別、地域区分別、所管部署別、分野別などいくつかの切り口から検索できるようにすることで、一覧表的な効果が得られる。

(4) 定性的評価

　政策や施策の満足度について、住民や有識者を対象にして定性的な表現での評価を加える。たとえば、政策の優先度とその定性的評価に関するクロス評価を例にとれば、まず、それぞれの施策について住民満足度による優先順位（シートA）で順序付けし、その必要性について大・中・小と評価したうえでその理由を付す。次に、政策評価シート（B）において政策評価指標の達成度に基づき分析した施策の有効性、行政関与の妥当性などの評価を行う。さらに、シートAにおいて適切・おおむね適切・課題あり、などの3区分で評価し、コメントも加える。このようにして、目標管理型の評価をベースとして、住民の満足度調査を活用して客観性を確保することを狙っている。

(5) 外部委員会方式

　評価委員会方式として、外部委員会による提言を受ける方式の例である。さらに、内部評価を実施したうえで、外部評価も導入することにより内部評価を補強するという方法もみられる。外部評価の実効性をより高めるためには、内部評価ばかりでなくあえて外部評価を行う意義を、たとえば「財政規律の徹底」、「評価結果の予算配分への連動」、そのための「外部評価意見の尊重」などの基本的ルールを設定し、それを徹底することが必要である。

1.6　政策評価制度の導入と普及

1.6.1　アメリカ連邦政府による政策評価の法定化（**GPRA: Government Performance and Result Act**）

　政策評価導入に向けての動きとしては、アメリカにおける1993年の業績評価法（GPRA）の制定があげられる。この法律の規定によれば、連邦政府の

すべての機関が組織の目的や目標を掲げることを基本として、その目標に対する各時点の達成度を継続的に計測し、公表することを義務付けたことが最大の特徴である。これは、NPM の理念を政策に反映することを可能にするもので、この法律を背景として、連邦政府は地方政府に対して強制力を持って各自治体の政策評価を実施することを義務付けることが可能となった。さらに、各省庁の所管事業ごとに、業績報告書を議会と大統領府に提出することが求められている。

　各地方自治体が行う政策や施策は、この GPRA 法に基づき、以下に示すような改善効果が期待できる（川口 2004）。

① 州や郡など自治体が行う政策、業務の目標と達成度を明らかにし、住民に公表することにより政策執行の確実性を高めることができる。
② 各自治体が、政策や業務について積極的に連邦政府へのアカウンタビリティを果たすことにより、アメリカ連邦政府の政策執行能力に対する国民の信頼を確保することができる。
③ プログラムやその事業の結果、サービスの質や住民満足度を継続的に計測し、政策の有効性と住民に対するアカウンタビリティを高めることができる。
④ 政策目標や政策実施に伴う予算などの情報を提供し、議会の政策決定の改善に資する。
⑤ 業務の結果やサービスの質を公開することにより、執行に関する能力を高める。
⑥ これらの取り組みを通じて政策的なフィードバックを行い、連邦政府の内部管理の能力を高めることができる。

・GPRA 法における評価の定量化

　このように、政策やプログラムが GPRA 法に基づき執行される場合には、計画段階からの情報開示と行政機関の政策目標設定を通じて、計画から実施に至るまでの行政責任の明確化が図られる。また、政策やプログラムの企画段階においては、規模や方法、公的関与の程度など、さまざまな観点からの代替案が策定され、その効果が十分でなかったり、純便益がマイナスとなることが明らかな政策やプログラムは、原則として実施されないことを基本としている。

　そのための評価の基本的な分析方法としては、費用便益分析や費用対効果分析が利用され、貨幣的価値に換算可能なものは全て金銭評価されて金額として示され、また、金銭評価が可能でないものは多面的データによって数値化して示すことを基本としている。

・GPRA 法運用における諸課題

　GPRA 法のなかで各機関に義務付けられている業務報告書については、公表されている年次業績計画や年次業績報告書の内容が必ずしも十分な成果を上げていないことが指摘されている。たとえば、連邦政府機関の発表する年次業績報告書などにおいても、目標値の設定の仕方や達成度合の評価の方法には改善の余地があり、多くの課題が残っていることも指摘されている。

1.6.2　日本における政策評価の導入と普及

　日本における政策評価は、1990 年代の後半に、主として行政評価として導入された。北海道のニセコ町、三重県、そして岩手県の取り組みが、先駆的な例として取り上げられることが多い[12]。

　三重県においては、北川正恭知事（当時）が行政評価（事務事業評価）を

導入し、業務の目的と成果を数値で表現することを通じて、職員に業務の意義を認識させ、意識改革を狙った。導入された事務事業評価は、各部門が現在行っている業務を評価カードに文書化して事務事業の棚卸的整理を行うもので、「当課の業務の目的は何か」「いつまでに何を達成するのか」「誰が顧客なのか」を問い直し、評価結果を公表することを求めた。これは、記述的内容が多く、もっぱら自己点検にとどまる内容のものであったが、行政の無謬性を暗黙の前提とする当時の行政機関においては画期的な取り組みであった。マスコミ報道を通じて全国の自治体に急速に広まった。

　他方、ニセコ町においては、逢坂誠二町長（当時）が、行政改革の手始めとして町の予算が何に使われているのかを明らかにするパンフレットを作成し、住民に配布した。住民に対して、税金が何に使われているのかをまず知らせ、行政の実態を情報開示するところから行政改革を始めたのである。

　また、岩手県では増田寛也知事（当時）が、「行政経営」というキーワードとともに行政評価を導入した。さらに、2003年には、3期目の選挙において公共事業費の削減をマニフェストに掲げ、当選後、予算編成においてマニフェストを実行に移した。

1.6.3　中央政府における行政評価の動き

　自治体における行政評価の機運を受けて、中央政府の機関においても1990年代終わりごろから、行政改革の取り組みがみられるようになった。その例としては、建設省（当時）の「時のアセスメント」があげられる。それは、公共事業のうち採択後に時間が過ぎても工事継続中の事業について、必要性、進捗の度合い、社会情勢の変化、費用対効果の諸観点から再評価するものであった。

　1997年の「行政改革会議」の最終報告を受けて、2001年には国家行政組織

法が改正され、政策の自己評価に基づく企画立案、行政機関相互の連絡を図り行政機能を発揮することが規定され、「行政機関が行う政策の評価に関する法律」（行政評価法）が施行された。

1.6.4　行政評価の受容と普及

1990年代半ばの日本においては、バブル崩壊後の深刻な不況のなかで、目前の財政危機と、各省や自治体の不祥事の噴出にもみられる官僚主義や議会制民主主義の限界ともいえる状況が現出していた。地方分権への動きにもみられる公共部門の効率化の機運のなかで、行政評価は、目標の明確化による効率性改善、評価の公開による透明性と公開性の確保、組織の目標管理によるガバナンスの向上などを目的として急速に取り入れられるようになった。

その背景には、バブル期の反省ともいえる産業界における企業統治の明確化や、企業金融の主流が間接金融から直接金融へと変化を遂げつつあり、いわゆるオーナーシップの重点が機関投資家や金融機関から、社債や株式を保有する個人投資家へと広がりをみせたことがあげられる。企業は個人投資家に向けて業績や戦略をわかりやすく説明する必要に迫られるとともに、経営を社外取締役など第三者がチェックする仕組みも導入された。さらに、投資格付け機関や証券アナリスト企業の業績や戦略を評価するなど、企業統治と情報公開（ディスクロージャー）の必要性が高まった。

こういった傾向は、数年の遅れをもって政府にも押し寄せた。近年の政府部門の拡大に加えて、その業務が複雑化をみせるなかで、選挙や報道の自由といった旧来の仕組みだけでは十分に政府活動がチェックできないという問題意識が芽生えてきた。このような背景のもとで、行政評価は、民間企業のディスクロージャーと統治の仕組みを政府にも応用する形で始まった。

このように、行政評価の急速な普及の背景には、政府部門とは無関係と考

えられてきた企業の経営やガバナンスの観点を、公共部門の運営にも応用しようとするNPMの基本的考え方があった。

1.7 地方分権、NPMと政策評価の各国比較[13]

1.7.1 アングロサクソン系諸国

イギリスやアメリカを中心とするアングロサクソン系諸国においては、1980年代の経済的な危機状況下において、行政部門の肥大化と非効率化に関する批判が高まり、公共部門の効率性を改善する必要が叫ばれた。規制緩和、民営化などに加えて、NPMの考え方を背景に行政改革を推進してきた。その中心的な取り組みは、公共部門の業績測定とプログラム評価からなる政策評価制度であり、その目的を行政サービスの経済性・効率性・有効性・質の向上においている。地方分権を促進し、地方政府の自主性や独立性、柔軟性を認める一方で、政策の成果や結果に対するアカウンタビリティを重視する考え方を採用し、事前の管理を廃止する代わりに明確な運用規則を定め、結果に関するアカウンタビリティを高める取り組みをしている。

イギリスにおいては、1980年代の長期的な経済停滞や行政部門の肥大化を背景に、NPMの理論が公的部門に導入され、行政改革の一環として、公的企業の民営化、エージェンシー化などの取り組みとともに政策評価が導入された。1988年に開始された改革政策（Next Steps）においては、業績協定をもとにした目標管理システムや、コスト情報把握のための発生主義会計の導入、資源会計・予算制度と一体的に政策評価制度が運営されており、行政の効率性・有効性が重視されている。

アメリカにおいては、すでに1965年よりPPBS制度が導入され、予算と政策効果をリンクさせる取り組みが行われてきたが、そのための行政コスト

や技術的な問題から必ずしも成功しなかった[14]。そのような経緯を踏まえて1990年代終わりからGPRAが導入され、政策目標の設定と予算とのリンク付けや、政策評価が導入されている。1980年代のレーガン政権以降続けられた規制緩和や競争促進政策、行政改革の成果により、1990年以降の財政状況が好転したことから、2000年代には行政の効率化や財政再建よりも、政策の有効性や行政サービスの質の向上などが重視されてきた。

　ニュージーランドにおいては、1980年代以降の経済成長の鈍化や財政収支の赤字などを背景として、政策評価は、規制緩和や民営化を内容とする包括的な行財改革の一環として導入された。そのため、強制競争入札制度、行政情報公開、民営化、委託契約、エージェンシー化、PFIなど市場メカニズムの導入を柱とする大胆な行財政改革が進められ、政策評価もその一環としての役割を担った。このような取り組みの結果、財政は黒字化し、競争原理と市場メカニズムの導入から経済の活性化がもたらされ、行政改革の先進事例としての評価が高いが、同時に、福祉が悪化するとともに貧富の格差が拡大し、社会の混乱を招いたという指摘もなされている。

　オーストラリアにおいても、ニュージーランドと同様に、効率性を重視した取り組みが行われた。特色ある取り組みとしては、予算サイクルに対応する業績報告システムが導入され、政府支出の単価評価のガイドライン（Pricing Review）が提示されるなど、成果に基づくマネジメントが進められている。また、人事評価制度において、業務上の好業績をボーナスにリンクさせるなど、現場における戸惑いや反発も引き起こしたが、総じて効率性の改善をもたらした。

　カナダにおいては、過去の改革を基礎とする着実な取り組みが進められ、1994年にはプログラム・レビュー（Program Review）が導入され、政府の全プログラムについて見直しが行われた。優先度の低いプログラムを縮減、圧

縮することにより、資源をより優先度の高いプログラムに振りむける改革が進められた。これは、1997年度以降、支出マネジメントシステム（Expenditure Management System）として制度化され、財政の効率化に大きく寄与した。

1.7.2 非アングロサクソン系ヨーロッパ

　非アングロサクソン系諸国については、NPMの取り組み事例の報告や紹介例は必ずしも多くない。たとえば、ドイツにおいては、1990年代からNPMが導入されるようになり、特に、環境保護政策の目標管理についてチェック機能が有効に作用してきた。予算編成に関しては、すでに1960年代より、重要な予算措置について事前の費用便益分析を義務づけ、①社会全体に及ぼす費用と便益を考慮する、②評価項目をできるだけ数量化する、③原則として事前評価をするなど、定量的な事前評価を基礎として、政策やプログラムの優先度や採択の可否に関する評価を行ってきた。

　フランスやオランダ等にもNPMの考え方は普及し、たとえばオランダでは、中立的な第三者評価機関としてアセス評価委員会が設けられ、専門的、科学的な視点から事業評価を行っている。

1.7.3 北欧諸国

　スウェーデン、フィンランド、ノルウェー、デンマークなど北欧諸国においても政策評価やNPMの考え方は普及している。ただしそれは、アングロサクソン系NPMとは必ずしも同じものではない。北欧型管理モデルの特長は、コーポラティブモデル（Corporative Model）と呼ばれるもので、政府と組織された利益団体との間で利害調整を行いながら政策形成を進めてゆくことにある。このようなコーポラティズムの基本構造により、新たなマネジメントの導入が政府と組織団体との交渉による政策目標設定という、より集権度

の高い目標管理システムをもたらしている。

　デンマークでは、1960年代から1970年代に起こった公共部門の肥大化に対して、予算の上限設定を導入し、政府規模の抑制を図った。しかしながら、予算上限の規制のみでは政府の効率化には直接働きかけることができないので、1992年には業績マネジメント（Performance Management）を導入し、歳出額の上限規制にあわせて、その予算を活用してどのような業績があげられたかの評価に重点が置かれるようになった。業績マネジメント導入の目標は、①政策目標間の優先順位づけ、②政府サービスの質の向上、③省庁とエージェンシー間の情報の非対称性の緩和であった。

　スエーデンにおいては、NPMの戦略計画と業績測定（Performance Measurement）を核としたマネジメントシステムにより、エージェンシーの独立性を保ちながら、政治的な意思決定のための情報開示と現場の目標による管理が導入された。エージェンシーに対する、業績に基づく支払いやベンチマーキングの適用、バランスドスコアカードなどのマネジメントモデルの適用など、NPMに特有の改革アプローチがとられた。

1.7.4　アジア諸国

　日本におけるNPMの導入の特徴は、既存の行・財政システムを抜本的に改変するのではなく、既存の関連制度を温存しながら、PFIおよびエージェンシーなどの新しい制度を導入する方向で進んだ。したがって、政策評価制度をはじめとするNPM手法を導入したにもかかわらず、その行政効率化や財政健全化効果は限定的なレベルにとどまり、これが今日の財政危機につながる一因となったともいわれている。今日の、単年度財政赤字比率、累積債務残高のGDP比率共に主要先進国中最悪の状況を考慮すれば、行財政システムの抜本的な改革を行い、NPM理論の効果の発揮が望まれる。

シンガポールは、イギリス連邦加盟国であることも影響して、NPM の考え方を早期に導入した。その行財政改革の特徴は、電子政府（e-Government）機能を充実させたワンストップサービスの整備や、インターネットを利用した政策評価制度の取り組みなどである。

マレーシアにおいては、近年、経済開発型の経済政策を中心とした財政運営がなされてきた。同時に行財政改革のため、行政コストの削減や透明性・対応の迅速性の確保を目標として、政府組織に電子政府のシステムを導入してきた。

1.8 地方分権と政策評価の有効性：今後に向けて

わが国において、2002 年の行政評価法の施行と 2005 年の「政策評価の実施に関するガイドライン」の制定により、中央省庁の行政機関では、行政報告書を毎年提出し、評価が政策形成の前提となるに至っている。また、国土交通省など一部においては、行政評価法の施行を機にマネジメントサイクルの見直しをはじめ行政評価を経営改革の一環ととらえるようになった。しかしながら、その評価単位は省庁レベルであり、それを越える部署別あるいは職階別の業績評価や目標管理のシステムとしての機能は発揮できていない。

行政評価の予算編成へのリンクに関しては、財務省が主要な予算について予算執行調査を行い、実際に予算が効率的かつ効果的に執行されているかどうかを調査している。しかしながら、政治的な要因が大きく左右する予算編成に対して、行政評価による予算のコントロールには一定の限界があり、予算の大枠までも影響を及ぼすには至っていない。

中央省庁における行政評価の成果を総体的にみると、評価報告書の作成提出という納税者に対するアカウンタビリティは一定限果たされているものの、

行政機関のガバナンスにおける無駄な支出の削減や、行政の目標管理、職員の士気を高めるなどの効果については今後の課題となっている。

他方、地方自治体における行政評価については、経費削減を主たる目標とする事務事業評価の努力がなされたり、目標、成果、効率、期限、そしてPDCAサイクルなどの民間経営の概念が導入されるなど、目標管理や組織のガバナンス、納税者に対するアカウンタビリティについても一定の効果を上げつつある。政策運営の実効性をより高めるための行政評価の活用が、今後の中心的な課題と考えられよう。地方分権の時代にあって、各地域の政策目標の設定、特に、首長のマニフェストと政策目標の連動といった、政策運営への反映が重要なポイントとなると考えられる。

分権的地方政府には、そもそも、住民の選好に従った地域選択(「足による投票」)や、首長や議会議員の選挙を通じた住民ニーズの顕示選好効果があり、これが政策目標の妥当性、政策の有効性といった行政の目標管理に望ましい影響を与える。また、住民移動や投票がもたらす多地域間の政策競争効果は、行政費用削減、住民満足度の向上、行政のアカウンタビリティの達成のための行政活動を規律付ける効果が期待できる。それに加えて、NPMや行政評価による政策運営の改善や政策評価を通じた目標管理、行政組織のガバナンスの向上など、行政運営の効率化、有効性の向上のための努力が、地方分権の基本的メリットを一層高めることが期待されよう。

注
1) 平成28年度の中央政府予算に占める赤字比率は35.6%であり、国と地方の長期債務残高のGDP比は205%となっている。近年の地方財政の状況については、第4章1節を参照されたい。
2) 詳しくは、大住(2002)などを参照されたい。
3) 中井(2005)には、政策評価に関するより体系的な説明がある。

4) より詳しい説明については、川口（2004）および、本書第4章を参照されたい。
5) さまざまな評価手法や非経済的費用・便益の金銭評価の手法については、第4節において詳しく述べる。
6) Herman, Morris and Fitz-Gibbon (1987) を参照されたい。
7) より詳しくは、中井（2005）を参照されたい。
8) 評価手法に関しては山谷（2012）により詳しい説明がある。
9) NPMにおいて用いられる数量的な評価手法については、川口（2004）に体系的な説明がある。
10) DEAに関するより詳しい説明やその応用例については、本書第4章、第5章を参照されたい。
11) 具体的な応用例に関しては、本書第5章を参照されたい。
12) 上山（2012）に詳しい説明がある。
13) より詳しい説明が川口（2004）、山田他（2012）にある。
14) PPBSの問題点については、本章第4節を参照されたい。

参考文献
伊多波良雄（2009）『公共政策のための政策評価手法』中央経済社。
井堀利宏編（2005）『公共部門の業績評価－官と民の役割分担を考える』東京大学出版会。
上山信一（2012）「行政評価とガバナンス」山内弘隆、上山信一編『公共の経済・経営学－市場と組織からのアプローチ』慶應義塾大学出版会。
大住荘四郎（2002）『パブリック・マネジメント－戦略行政への理論と実践』日本評論社。
小川光・棚橋幸治（2007）「新公共経営手法（NPM）の導入効果：データ包絡線分析」会計検査研究、No. 36、pp. 77-91。
川口和英（2004）『社会資本整備と政策評価』山海堂。
中井達（2005）『政策評価－費用便益分析から包絡線分析まで』ミネルヴァ書房。
西垣泰幸（2014）「地方分権と地方公共政策の合理性」、西本秀樹編『地方政府の効率性と電子政府』日本経済評論社。
野田遊（2009）「包絡線分析を用いた都道府県財政の効率性の計測」『長崎県立大学経済学部論集』、第43巻第2号、pp. 31-56。
山田徹・柴田直子編（2012）『各国における分権改革の最新動向―日本、アメリカ、イタリア、スペイン、ドイツ、スウェーデン』公人社。

山谷清志（2012）『(Basic 公共政策学 9) 政策評価』ミネルヴァ書房。
Campbell, D. T (1969) "Reforms as Experiments", *American Psychologist*, vol. 24, pp. 409-429.
Herman, J. L., Morris, L. L. and Fitz-Gibbon, C. T.(1987)*Evaluator's Handbook*, Sage Publishing, Newbery Park, California.
OECD Public Service Management and Public Management Commitee (1999) "Improving Evaluation Practicies-Best Practice Gnidetines for Evaluation and Background Paper", OECD Working Papers, No. 7-11.
Seabright, P. "Accountability and Decentralisation in Government: An Incomplete Contracts Model." *European Economic Review*, vol. 40, pp. 61-89, 1996.
Shleifer, A. "A Theory of Yardstick Comp'etition" *Rand Journal of Economics*, vol. 16, pp. 319-327, 1985.

第2章
公共部門の効率化と地方政府間における
ヤードスティック競争

東 裕三・西垣泰幸

2.1 公共部門の効率化とニュー・パブリック・マネジメント

　1980年代の半ば以降において、小さな政府の潮流により、イギリスやニュージーランドの諸国で、行政部門の効率化の動きが高まった。これら諸国においては、行政部門の効率化・活性化のため、民間企業における経営理念や手法、そして、成功事例を行政運営の現場に適用するというニュー・パブリック・マネジメント（New Public Managment：NPM）の手法の導入が試みられた。わが国においても、行財政改革や地方分権の進展とともに、NPMの手法を用いた公共部門の効率化が議論されている[1]。
　従来の行政システムでは、目標を達成するための政策は議会で決定され、行政はその政策を執行する部門と位置付けられていたため、行政部門は行政や会計上の法令を遵守して政策を適切に実行することを重視してきた。NPM理論の重要な論点の1つは、公共部門の効率性を高めるために、行政部門が政策を適切に実行することに加え、その政策があらかじめ設定されていた政策目標との比較において公共部門の業績、成果を評価することである。このように公共部門を評価することによって改善点を検討することができ、

公共部門を効率的な方向へと導くことが可能となる。したがって、公共部門の効率化のためには、その業績、成果を評価するための適切な評価基準が必要となる。NPM 理論では、Economy（経済性）、Efficiency（効率性）、Effectiveness（有効性）の3つの評価基準が用いられている。Economy は一定の公共サービス供給量を最小の費用で供給されているかをみるための基準であり、Efficiency は一定の費用のもとで、公共サービスの供給が最大化されているのかどうかを評価するための基準であり、Effectiveness は政策目標と住民の満足度を比較し、その政策がどの程度有効であったのかを評価する基準である。

　地方財政論の分野においては、地方政府や地域を管轄する政治家の行動を正しい（効率的な）方向へ導く代表的な理論の1つとして、ヤードスティック競争が考察されている。ヤードスティック競争は、自地域の政策が他地域よりも優れていれば、住民は自地域の政治家を再選させるため、効率的な公共サービスが地域に提供されるという理論である。このようにヤードスティック競争が地方政府の行動を適切な方向へ導くためには、NPM 理論で展開されているような公共部門の評価基準が重要な視点となる。本章においては、公共部門の評価基準とヤードスティック競争の関係を検討し、公共部門効率化の達成における公共部門の評価基準の重要性と問題点を考察したい。

　本章の構成は以下の通りである。まず、第2節では、公共部門における評価基準とヤードスティック競争の関係を検討する。第3節ではヤードスティック競争の先駆的な研究である Beslay and Case（1995）のモデルを詳細に展開し、基本的なヤードスティック競争モデルの特徴や均衡を考察する。第4節では、Bordignon et al.(2004)のモデルを展開し、Beslay and Case(1995)のモデルがどのように応用されたのか、また、どのような新たな結果が導出されたのかをみる。続く第5節では、Beslay and Case（1995）や Bordignon et al.（2004）とは違った観点からヤードスティック競争を分析した Allers（2012）のモデルを展開し、ヤードスティック競争を有効に機能するためには財政格差を改善することが重要であることをみる。最終の第6節では、先行研究の流れからヤードスティック競争の機能を発揮するための評価基準を構築する際の重要な視点をまとめ、さらに、今後のヤードスティック競争理論の研究の方向性を展望する。

2.2 ヤードスティック競争と公共部門の業績評価基準

　地方政府や地域を管轄する政治家の行動を正しい方向へ導く方法としていくつかの理論が存在する。

　その代表的な第1の理論として、Tiebout の「足による投票」仮説が挙げられる。「足による投票」仮説とは、住民が地域の課税水準と地方公共財を比較し、自身が最も好む地域を選択し居住するという仮説である。この仮説の下では、もし、地方政府が地方公共財を非効率的に供給したならば、住民は自身にとってより好ましい他の地域に移動することになる。地方政府は、財源を確保したいがため自地域により多くの住民に居住して欲しいと考えており、したがって、他地域よりも地方公共財の供給を効率的に行おうとする。このように「足による投票」仮説では、住民の自由な地域間移動が地方政府の行動を住民が望む方向へと導いている。

　第2の理論は、ヤードスティック競争である。ヤードスティック競争とは、住民が他地域の税率や地方公共財の供給量を基準として自地域の現職政治家を再選させるか否かを決定するため、現職の政治家は他地域の政治家の行動を観察しながら、税率や公共財の供給量を決定するという理論である。ヤードスティック競争では、住民による投票が地方政府や政治家の行動を住民の

望む方向へと導く[2]。

　わが国における住民の行動が、「足による投票」仮説とヤードスティック競争のいずれに最も近いのかを考えたとき、前者には理論と現実との間に存在する次のような問題が考えられる。わが国の住民は地方公共財の供給水準と税負担に大きく反応し、居住地域を変更しているのであろうか[3]。より現実的には居住地域を変更する前に、非効率的な行動を行う自地域の政治家を選挙によって落選させるのではないだろうか[4]。このように、ヤードスティック競争はわが国の地域住民、地方政府や政治家の行動をより鮮明に表現しうるものであるかもしれない。

　ヤードスティック競争が生じている場合、地方公共財が適切に供給されるためには住民が自地域と他地域の地方政府の行動を適切に評価することが可能でなければならない。なぜならば、住民が良い政府と悪い政府を正確な情報で的確に判断できなければ、住民による投票が地方政府の行動を矯正することができないからである。したがって、NPM理論で考察されているような評価基準を全住民が各地方政府について比較可能となることは、ヤードスティック競争がその威力を発揮するために重要である。

　そこで、本章ではヤードスティック競争の代表的な理論研究をサーベイし、公共部門効率化の達成における公共部門の評価基準の重要性とその問題点を考察していきたい。本章では、特に、地方政府間のヤードスティック競争における先駆的な研究である Beslay and Case (1995) とその後にヤードスティック競争の研究を新たに展開させた Bordignon et al. (2004)、Allers (2012) を詳しく解説する。

　以下では、Beslay and Case (1995)、Bordignon et al. (2004)、Allers (2012) の分析内容の概要を述べる。Beslay and Case (1995) は、投票者が現職政治家の税率や公共財供給量を観察し、その政治家を再選させるか否かを決定し、

それに応じて政治家がどのような税率を設定するのかを考察した。モデルは2期間が想定されており、第1期目末に行われる選挙によって、投票者は第2期にも税率と公共財供給量の設定を現職政治家に任せるのか、また、現職を落選させ他の政治家に任せるのかを、第2期目の税率が最小になるように決める。現職政治家はどのような税率を設定すれば再選させられるのか、落選させられるのかを織り込み、税率を決定する。彼らは、このような基本モデルに自地域の投票者が他地域の現職政治家が設定した税率と公共財供給量を知ることができるという情報のスピルオーバーを導入した。地域間でこのような情報のスピルオーバーが生じていることを想定すると、投票者は他地域の現職政治家の税率と公共財供給量を基準にし、自地域の現職政治家が優れた政治家であるのか否かを判断することが可能になる。このように投票者が他地域政治家の政策変数を基準にし、ヤードスティック競争が生じているとき、投票者が直面する税率は第1期目と第2期目を平均すると低下することになる[5]。このように、Beslay and Case (1995) はヤードスティック競争が税率を住民にとって適切な水準へ導くことを示した。

　Bordignon et al. (2004) は Beslay and Case (1995) のモデルにおいて、2つの地域が共通のショックを受けているという過程を緩和し、ヤードスティック競争下の政治家の税率設定を考察した。投票者が他地域現職政治家の行動を基準として自地域政治家の行動を評価するとき、2つの地域の自然環境や経済環境などが同一の地域でなければ、他地域政治家の行動は自地域と比較する基準として不完全な情報となる。たとえば、他地域の政治家が自地域と同一の量と質の公共財を供給しているが自地域よりも高い税率を設定しているとする。このとき、他地域では自然環境などの独自のショックがあるため、同一の量と質の公共財を供給するためにも高い税率が必要なのかもしれないし、または、単にレント（政治家が得る超過利潤）をとるために自地域より

高税率になっているのかもしれない。このように、各地域が異なったショックを受けている可能性を考慮した場合、他地域の政治家の行動は、自地域の政治家が優れているのか否かの適切な基準とはならない。

　Beslay and Case（1995）では分析の簡単化のために各地域は共通のショックを受けていることが暗黙的に仮定されている。しかしながら、現実的には地域間のショックが完全に同一でなく、少し異なっていたり、また、大きく異なっているケースなど色々なケースが存在する。Bordignon et al.（2004）は Beslay and Case（1995）のモデルを応用し、地域間のショックの相関の程度がヤードスティック競争下における現職政治家の税率設定にどのような影響を与えるのかを考察している。地域間のショックの相関が完全であるときは Beslay and Case（1995）の結論に一致するが、地域間のショックの相関が弱くなると第2期目に投票者が直面する税率が高くなることを示している。

　Beslay and Case（1995）、および Bordignon et al.（2004）がヤードスティック競争下における現職政治家の税率設定の均衡の分析に焦点を当てたのに対して、Allers（2012）は地域間において財政格差が存在すれば、投票者が選択を誤り、レントを多くとる悪い政治家を再選させる可能性が大きくなることを指摘している。これは財政格差がヤードスティック競争の有効な機能を大きく低下させることを示している[6]。

　地域間で、歳出より税収の方が多く財政的に豊かな地域と、歳出に比較して税収が少ない財政的に貧しい地域があったとする。このとき、財政的に豊かな地域の政治家はレントを多く取ったとしても財政的に貧しい地域よりも、税率1単位当たりの公共財供給費用を低くすることが可能である。財政的に豊かな地域の投票者は財政的に貧しい地域の政治家よりも、自地域の政治家の行動が優れていると判断する。したがって、財政的に豊かな地域の政治家はレントを取る悪い政治家であるにもかかわらず当選し、財政的に貧しい地

域の政治家はレントを取らない良い政治家であったとしても落選することになる。このように、Allers（2012）は地域間で財政格差がある場合、本来の良い政治家と悪い政治家を区別し、悪い政治家の行動を矯正するヤードスティック競争の機能にバイアスがかかることを指摘している。

2.3　Beslay and Case（1995）モデル[7]：ヤードスティック競争が政治家の行動に与える影響

　地方政府間のヤードスティック競争の先駆的な研究に Beslay and Case（1995）がある。彼らは地方政府が設定する税率が選挙結果に与える影響に焦点を当てた。すなわち、自地域の現職政治家が税率を上昇させたとき自身の再選可能性が低下、また、他地域の政治家が税率を上昇させれば、自地域政治家の再選確率を上昇させる現象が生じているのではないかと考えた。このような税率の変更が選挙結果に与える影響は、投票者が他地域の知事の税率設定を基準にし、自地域知事の税率設定を評価するために生じる。このように、投票者が他地域知事の税率を基準とし、投票を行うため、自地域現職知事は他地域よりも良い政策を行うようになる。このような競争はヤードスティック競争と呼ばれている。また、ヤードスティック競争が生じるためには投票者が他地域の政治家の税率設定の状況などを観察できなければならず、地域間で情報がスピルオーバーする必要がある。Beslay and Case（1995）は、良い政治家と悪い政治家の2つのタイプが存在するモデルを考え、情報のスピルオーバーがあり、ヤードスティック競争が生じると悪い政治家のレントシーキング行動が抑制されることをモデルで示している。つまり、ヤードスティック競争が税率を住民にとって適正な水準へと導く可能性が示唆されている。本節では、Beslay and Case（1995）によって構築されたモデルを概観

し、ヤードスティック競争が現職政治家の行動にどのような影響を与えるのかを考察する[8]。

Beslay and Case（1995）では次の3つの想定がなされている。

想定1　情報の非対称性が原因であるエージェンシー問題は、政策競争の特徴となっている。特に、現職政治家は主な政策変数の短期的な変化について投票者よりも熟知している。
想定2　投票は政治家の行動を規律化する主な手段である。
想定3　投票者は現職政治家の相対的な実績を評価することができる。メディアやその他の情報源から、投票者は他地域の現職政治家がどのように行動を行っているのかの情報を得ることができる。そして他地域の政治家の情報を自地域政治家の基準として用いる。

最初に、想定1と想定2だけを考慮したとき（ヤードスティック競争が生じていないとき）、1つの地域において政治家がどのような税率を設定するのかを考える。その後、想定1、2、3を考慮した場合（ヤードスティック競争が生じている）の政治家が設定する税率が求められる。そして、ヤードスティック競争が生じていないケースと生じているケースの税率が比較される。以上のような基本的な想定を置き、彼らが構築したモデルを説明する。

地方政府が1単位の公共サービスを供給する1つの地域を考える。供給される公共サービスの質は所与である。公共財供給に必要な費用は、すべて税によって賄われる。

公共財を1単位供給するために必要な費用は地域へのショックに依存しており、ショック i のとき θ_i だけの費用が必要となる。θ_i はある地域へのショックが生じたときに必要な公共財の費用である。地域へのショックは確

率変数であるので、公共財の供給費用 θ_i も確率変数となる。また、θ_i の値は現職政治家だけが観察でき、投票者は観察することができないと仮定する。地域へのショックの大きさは、低（low）、中（medium）、大（high）の3つの値をとる。以下では、ショックの大きさの値が低の場合は L、中のときは M、高のときには H で示す。それぞれのショックの大きさは Δ だけ差があるとする[9]。3つのショックが生じる確率は、(q_L, q_M, q_H) である[10]。

地域を管轄する政治家は、良い政治家と悪い政治家の2つのタイプが存在する。良い政治家は公共財に必要な費用だけを課税によって徴収する。一方、悪い政治家は公共財供給に実際に必要だった費用にレントを加えようとする。そして供給費用とレントの総額を課税で徴収することができる。悪い政治家が加えることが可能なレントの額は Δ か、あるいは 2Δ である。したがって、現職政治家が設定することが可能な税率は、次のように表すことができる。

$$\{\tau_1, \tau_2, \tau_3, \tau_4, \tau_5\} = \{\theta_L, \theta_M, \theta_H, \theta_H + \Delta, \theta_H + 2\Delta\} \qquad (1)$$

(1)式から、良い政治家は費用 θ_L に対して税率 τ_1、費用 θ_M に対して税率 τ_2、費用 θ_H に対して税率 τ_3 を設定することがわかる。一方で悪い政治家は、たとえば、実際の費用が θ_L であるのにもかかわらず、レントを Δ だけ（2Δ だけ）取るために、費用が θ_M（θ_H）であるように高く見積もり、税率を τ_2（τ_3）に設定することができる。

各々の地域は投票者によって選ばれた政治家によって管轄されている。政治家には良い政治家と悪い政治家の2つのタイプが存在していた。良い政治家は、公共財の供給に必要な費用を課税で賄おうとし、レントシーキングを行わない。一方、悪い政治家はレントシーキングを行う。つまり、実際に必要であった公共財の供給費用よりも多く住民に課税し、その差額を自身のレントとして得るという行動をとる。したがって、上述のように悪い政治家は

公共財供給に必要な課税水準に、Δか、あるいは2Δだけの税負担を追加的に課税することができる。現職政治家の純粋戦略は、

$$\tau(\theta_i, j) = \tau_k, i \in \{L, M, H\}, j \in \{G, B\}, k \in \{1, 2, 3, 4, 5\} \quad (2)$$

のように表される。ここで、Gは良い政治家、Bは悪い政治家であることを示している。(2)式は、ショックがiで公共財供給費用がθ_iのとき、タイプがjである現職政治家は税率をτ_kに設定する戦略をとることを示している。(2)式を用いると良い政治家が設定する税率は、次のように示される。

$$\tau(\theta_L, G) = \tau_1, \ \tau(\theta_M, G) = \tau_2, \ \tau(\theta_H, G) = \tau_3 \quad (3)$$

この経済は2期間において存続すると仮定する。ここでは、政治家と投票者の割引率はδであり、$1 > \delta > 1/2$を仮定する。第1期目に選出された現職政治家はγの確率で良いタイプの政治家であるとする。γは、$1 \geq \gamma \geq 0$であると仮定する。投票者は第1期目に現職知事が決定する税率を観察し、現職知事を選挙で再選させるか否かを決定する。投票者は選挙によって第2期目の期待税率を最小化することが目的である。また、投票者は第1期目において現職政治家が決定した税率を用いて、現職政治家が良い政治家である信念を修正する。投票者の戦略は、次式のように示される。

$$\mu(\tau_i) \in [0, 1], \quad i \in \{1, 2, 3, 4, 5\} \quad (4)$$

(4)式は、第1期目に現職政治家が$\tau_i(i=1,2,3,4,5)$を選択したときに再選する確率を示している。良い政治家が再選された場合、良い政治家は第2期目においても公共財供給に必要な費用の分だけ課税し、レントシーキングは行わない。一方、悪い政治家が再選されたとき、この経済では第2期目より後の期は考慮されていないため、悪い政治家は取ることが可能な最大のレン

ト（2Δ）を公共財費用に加えて税率を設定する。

　以上のような2期間の税率設定ゲームにおける完全ベイジアン均衡を求める。ゲームのタイミングは次のように設定される。最初に自然が現職政治家のタイプと地域の公共財供給費用へのショックの値を決定する。悪い政治家は自身のタイプと公共財供給費用へのショックを観察し、割り引かれた効用を最大にするように税率を設定する。投票者は現職政治家が設定した税率を観察し、ベイズの定理を用いて現職の政治家のタイプが良い政治家である信念を修正する。現職政治家を再選させるか否かの選択は、現職政治家が再選したとして第2期目の期待税率が最小になるか否かに依存している。

　現職政治家が再選し第2期目の期待税率が最小になることを投票者が予測すれば、その現職政治家は再選されることになる。均衡において、投票者と現職政治家は合理的な期待を持つと仮定する。したがって、投票者は、τ_4あるいはτ_5を設定する現職政治家は、必ず悪い政治家であると断定する[11]。ゆえに、現職政治家がτ_4、あるいはτ_5を設定したとき、投票者が選択する戦略は$\mu(\tau_4)=0, \mu(\tau_5)=0$となる。$\delta<1$のとき、悪い政治家は、$\tau(\theta_L, B)=\tau_1$, $\tau(\theta_M, B)=\tau_2$, $\tau(\theta_H, B)=\tau_3$の戦略はとらない。悪い政治家はこれらの戦略をとると第1期目の取得レントはゼロであり、再選され第2期目に可能な最大の課税を行いレントを得たとしても、そのレントは割引率δで割り引かれなければならない。このような戦略をとるよりも第1期目に再選できるようなレントをとり、第2期目にもレントをとる戦略の方が最大のレントをとれることを悪い政治家は知っている。そして、悪い政治家がそのように考えていることを投票者は知っているので、現職政治家がτ_1を設定すると、その現職政治家は1の確率で良い政治家であると予測する。

　したがって、現職政治家が税率をτ_1に設定したとき、投票者の選択する戦略は$\mu(\tau_1)=1$である。投票者は第2期目の課税水準が最小になるように現

職政治家を再選させる戦略をとる。つまり、第 1 期目に τ_i を設定した現職政治家が良い政治家である確率が高ければ高いほど、第 2 期目の期待課税水準は小さくなるので、τ_i を設定した現職政治家が良い政治家である確率が高い場合にその現職政治家を再選させる。現職の政治家が τ_i を設定したときに、良い政治家である条件つき確率は、

$$\text{Prob}(G \mid \tau_i) = \frac{\text{Prob}(\tau_i, G)}{\text{Prob}(\tau_i)} \tag{5}$$

のようになる。ここで、(5)式右辺の分子は政治家が τ_i を設定する事象と政治家が良い政治家である事象の同時確率である。また、右辺の分母は、政治家が良い政治家であるか否かに関係なく税率が τ_i に設定される確率であり、政治家が τ_i を設定する事象の周辺確率である。したがって、投票者が現職政治家を再選させる条件は次式のように表すことができる。

$$\frac{\text{Prob}(\tau_i, G)}{\text{Prob}(\tau_i)} \geq \gamma \tag{6}$$

ここで、γ は再選された政治家が良い政治家である確率である。(6)式に従い現職の政治家が $\tau_i (i=1,2,3,4,5)$ を設定したときに、投票者が現職政治家を再選させるための条件を求めると以下のようになる。

$$\frac{\gamma q_L}{\gamma q_L} \geq \gamma \tag{7}$$

$$\frac{\gamma q_M}{\gamma q_M (1-\gamma) q_L} \geq \gamma \quad (q_M \geq q_L \text{ のとき}) \tag{8}$$

$$\frac{\gamma q_H}{\gamma q_H + (1-\gamma)(q_L + q_H)} \geq \gamma \quad (q_M \geq 1/2 \text{ のとき}) \tag{9}$$

$$\frac{0}{\gamma q_H + (1-\gamma)(q_L + q_H)} \geq \gamma \tag{10}$$

$$\frac{0}{(1-\gamma)q_H} \geq \gamma \tag{11}$$

(7)式は τ_1、(8)式は τ_2、(9)式は τ_3、(10)式は τ_4、(11)式は τ_5 を現職政治家が設定したときの再選条件をそれぞれ示している。(7)式は、$1 \geq \gamma$ であり、確率の仮定より $1 \geq \gamma \geq 0$ であるので、(6)式の再選条件は満たされている。(8)式は $q_M \geq q_L$ を仮定すれば成立することがわかる。そして、(9)式も同様に $q_H \geq 1/2$ を仮定すれば成立する。一方、(10)式と(11)式は、仮定により $0 \geq \gamma \geq 1$ であるので、$\gamma = 0$ で成立することになる。γ は現職の政治家が良い政治家である確率であるので、この条件が成立するとき、現職政治家は必ず悪い政治家であることになる。

以上のような再選条件より、現職政治家の税率設定を観察した投票者の戦略は、$q_H \geq 1/2$ かつ $q_M \geq q_L$ の下で次のようになる。

$$\mu(\tau_1)=1,\ \mu(\tau_2)=1,\ \mu(\tau_3)=1,\ \mu(\tau_4)=0,\ \mu(\tau_5)=0 \tag{12}$$

すなわち、投票者は第2期目の期待税率を最小にするために第1期目に、τ_1, τ_2, τ_3 を設定した政治家は再選させ、τ_4, τ_5 を設定した政治家は再選させないという戦略をとることになる。

次に、現職政治家が以上のような投票者の戦略を織り込み、第1期においてどのような税率を設定するのかを考察する。現職政治家はショックの値を観察し、第1期と第2期で得られる総レントを最大化するように第1期目の税率を設定する。公共財の供給費用へのショックが L や M、あるいは H のとき、どのような税率に設定することで悪い政治家のレントが最大になるのかをみる。

ショックが L のときに悪い政治家が第1期目に税率を τ_1 に設定したとする。ショックが L のとき、実際に必要な公共財の供給費用は θ_1 であり、θ_1

は τ_1 に等しいので、このとき悪い政治家が第1期目に得られるレントはゼロである。第1期目に τ_1 を設定したとき、(12)式より $\mu(\tau_1)=1$ であるので、悪い政治家は再選させられることになる。再選された悪い政治家は第2期目には τ_3 を設定し最大の $\delta 2\varDelta$ のレントを得る。したがって、ショックが L のときに悪い政治家が得ることができる総レントは $\delta 2\varDelta$ である。

ショックが L のときに τ_2 を設定した場合の総レントはどのようになるだろうか。ショックが L のときに τ_2 を設定すれば、第1期目に $\varDelta$ だけのレントを得ることができる。また、(12)式より $\mu(\tau_2)=1$ であるので、悪い政治家は再選させられ、第2期目に税率を τ_4 に設定し $\delta 2\varDelta$ のレントを取得する。したがって、ショックが L のときに τ_2 を設定した場合の総レントは $\varDelta+\delta 2\varDelta$ となる。

ショックが L のときに τ_3 を設定したとする。悪い政治家は第1期目に $2\varDelta$ のレントを手に入れ、(12)式から $\mu(\tau_3)=1$ であるので再選させられることになる。第2期目も税率を τ_3 に設定し $\delta 2\varDelta$ のレントを得る。L のときに τ_3 を設定したときの悪い政治家が得る総レントは $2\varDelta+\delta 2\varDelta$ となる。ショックが L のときに悪い政治家が得ることができるレントをまとめると表2-1のようになる。

表2-1 ショックが L のときに悪い政治家が得るレント

設定した税率	第1期目のレント	第2期目のレント
τ_1	0	$\delta 2\varDelta$
τ_2	$\varDelta$	$\delta 2\varDelta$
τ_3	$2\varDelta$	$\delta 2\varDelta$

ショックが L のときに τ_i ($i=1,2,3$) を設定することで悪い政治家が得ることができるレントを比較すると

$$2\varDelta+\delta 2\varDelta>\varDelta+\delta 2\varDelta>\delta 2\varDelta \qquad (13)$$

のようになる。(13)式より、ショックが L のとき、悪い政治家は税率を τ_3 に設定することで最大のレントを取得できることがわかる。

　ショックが M のときを考える。ショックが M のときに悪い政治家が第 1 期目に税率を τ_1 に設定したとすると第 1 期に得るレントは $-\varDelta$ である。また、(12)式より $\mu(\tau_1)=1$ であるので、第 1 期目に τ_1 を設定したとき、悪い政治家は再選することになる。再選された悪い政治家は第 2 期目には τ_4 を設定し最大の $\delta 2\varDelta$ のレントを得る。したがって、ショックが L のときに悪い政治家が得ることができる総レントは $-\varDelta+\delta 2\varDelta$ である。

　ショックが M のときに τ_2 を設定した場合の総レントを考える。ショックが M のときに τ_2 を設定すれば、第 1 期目のレントはゼロであり、また、(12)式より $\mu(\tau_2)=1$ であるので、悪い政治家は再選する。そして、第 2 期目に税率を τ_4 に設定し $\delta 2\varDelta$ のレントを取得する。したがって、ショックが M のときに τ_2 を設定した場合の総レントは $\delta 2\varDelta$ となる。

　ショックが M のときに τ_3 を設定したとしよう。悪い政治家は第 1 期目に $\varDelta$ のレントを手に入れ、(12)式より $\mu(\tau_3)=1$ であるので再選させられることになる。第 2 期目も税率を τ_4 に設定し $\delta 2\varDelta$ のレントを得る。ショックが M のときに τ_3 を設定したとき、悪い政治家が得る総レントは $\varDelta+\delta 2\varDelta$ となる。

　ショックが M のときに τ_4 を設定した場合を考える。悪い政治家は第 1 期目に $2\varDelta$ のレントを手に入れることができる。しかしながら、(12)式より $\mu(\tau_4)=0$ であるので再選されない。このとき、悪い政治家が第 2 期目に得られるレントはゼロである。したがって、ショックが M である場合に税率を τ_4 に設定したとき、悪い政治家が得る総レントは $2\varDelta$ となる。ショックが M のときに悪い政治家が得ることが可能なレントをまとめると表 2-2 のように

なる。

表2-2　ショックが M のときに悪い政治家が得るレント

設定した税率	第1期目のレント	第2期目のレント
τ_1	$-\Delta$	$\delta 2\Delta$
τ_2	0	$\delta 2\Delta$
τ_3	Δ	$\delta 2\Delta$
τ_4	2Δ	0

ショックが M のときに τ_i ($i=1,2,3,4$) を設定することで悪い政治家が得ることができるレントを比較すると、$\delta>1/2$ の下で次式のようになる。

$$\Delta+\delta 2\Delta > 2\Delta > \delta 2\Delta > -\Delta+\delta 2\Delta \qquad (14)$$

(14)式はショックが M のとき、$\delta>1/2$ であれば悪い政治家は税率を τ_3 に設定することで最大のレントを得れることを示している。

　最後にショックが H のときを考える。ショックが H のときに悪い政治家が第1期目に税率を τ_1 に設定したとする。第1期に得るレントは -2Δ である。また、第1期目に τ_1 を設定したとき、悪い政治家は再選され、第2期目には τ_5 を設定し最大の $\delta 2\Delta$ のレントを得る。したがって、ショックが H のときに悪い政治家が得ることができる総レントは $-2\Delta+\delta 2\Delta$ である。

　ショックが H のときに τ_2 を設定した場合の総レントを考えよう。ショックが H のときに τ_2 を設定すれば、第1期目に $-\Delta$ のレントを取得し悪い政治家は再選する。そして、第2期目に税率を τ_5 に設定し $\delta 2\Delta$ のレントを得る。ショックが H のときに τ_2 を設定したとき、得られる総レントは $-\Delta+\delta 2\Delta$ となる。

　ショックが H のときに τ_3 を設定したとき、悪い政治家は第1期目に得るレントはゼロであるが再選する。その第2期目は税率を τ_5 に設定し $\delta 2\Delta$ の

レントを得る。ショックが H のときに τ_3 を設定したときに悪い政治家が得る総レントは $\delta 2\Delta$ となる。

ショックが H のときに τ_4 を設定したとすると、悪い政治家は第 1 期目に Δ のレントを得る。(12)式より $\mu(\tau_4)=0$ であるので、税率を τ_4 に設定した悪い政治家は再選されないことになる。このとき第 2 期目に得ることができるレントはゼロである。ショックが H のときに τ_4 を設定したときに悪い政治家が得る総レントは Δ となる。

ショックが H のときに τ_5 を設定したとき、悪い政治家は第 1 期目に 2Δ のレントを得る。(12)式より $\mu(\tau_5)=0$ であるので、税率を τ_5 に設定した悪い政治家も再選されない。このケースも第 2 期目にレントを得ることができない。したがって、ショックが H のときに τ_5 を設定した悪い政治家が得る総レントは 2Δ となる。ショックが H のときに悪い政治家が得ることができるレントをまとめると表 2-3 のようになる。

表 2-3 ショックが H のときに悪い政治家が得るレント

設定した税率	第 1 期目のレント	第 2 期目のレント
τ_1	-2Δ	$\delta 2\Delta$
τ_2	$-\Delta$	$\delta 2\Delta$
τ_3	0	$\delta 2\Delta$
τ_4	Δ	0
τ_5	2Δ	0

ショックが H のときに τ_i $(i=1,2,3,4,5)$ を設定することで悪い政治家が得ることができるレントを比較すると、$1>\delta>1/2$ の下で次式のようになる。

$$2\Delta > \delta 2\Delta > \Delta > -\Delta + \delta 2\Delta > -2\Delta + \delta 2\Delta \tag{15}$$

(15)式はショックが H のとき、$1>\delta>1/2$ であれば悪い政治家は税率を τ_5

に設定し最大のレントを得ることを示している。

(13)、(14)、(15)式より得られた悪い政治家の戦略は次式のように表される。

$$\tau(\theta_L, B) = \tau_3, \ \tau(\theta_M, B) = \tau_3, \ \tau(\theta_H, B) = \tau_5 \qquad (16)$$

一方、良い政治家はレントシーキングはせず実際に必要な公共財供給の費用の分だけ課税する。したがって、良い政治家の戦略は、上述したように(3)式で表される。

これまで1つの地域についての投票者と現職政治家の戦略を考察してきたが、ここで2つの地域にモデルを拡張し、各々の地域の投票者は他地域の現職政治家が設定した税率を観察し、それを基準として自地域の現職政治家を再選させるか否かの戦略をたてるとする。また、2つの地域の現職政治家はお互いにどのようなタイプなのかを知っているとする。そして、両地域のショックは完全に相関することが仮定されている。つまり、地域1と地域2のショックはいつも同一である[12]。投票者が他地域の情報を得ることができ、他地域の政治家が設定した税率を基準にして、自地域の政治家を再選させるか否かを決定したとき、現職政治家の行動がどのように変化するのかをみる。

このような情報のスピルオーバーが現職政治家の行動へ与える効果は、(A)両地域の現職政治家がともに良い政治家であるケース、(B)両地域の現職政治家がともに悪い政治家であるケース、(C)1つの地域の現職政治家が良い政治家、他のもう1つの地域の現職政治家は悪い政治家であるケースの3つに分類し考察することができる。

(A)の両地域の現職政治家がともに良い政治家であるケースでは、良い政治家はレントシーキングを行わないので、実際に必要な公共財供給の費用に一致するように課税を設定する。このときの両地域の現職政治家の戦略は(3)

式と同様である。

　(B)のケースを考える。このケースでは両地域の現職政治家が悪い政治家であるため、情報のスピルオーバーの効果はない。そのため、(B)のケースにおける両地域の現職政治家の戦略は(16)式に一致する。

　最後に(C)のケースを考察しよう。このケースでは１つの地域の現職政治家は悪い政治家であり、他地域は良い政治家である。このとき、悪い政治家は(16)式のような課税を設定していると投票者が他地域の現職政治家の行動を観察し基準とすることで、自身が悪い政治家であることが露呈することを知っている。情報のスピルオーバーがない場合のように、ショックが M のときに税率を τ_3 に設定すれば、悪い政治家は落選することになる。他地域の良い政治家はショックが M であるときには必ず τ_2 を設定するからである。このとき、悪い政治家は第１期目に τ_4 を設定し、落選する戦略を選択する。その方がより多くのレントを得ることが可能であるからである。

　したがって、ヤードスティック競争の下では第１期目の税率は高くなることになる。しかしながら、τ_4 を設定した悪い政治家は落選するため、ヤードスティック競争が生じると投票者が直面する第１期目と第２期目の合計税率は低くなる。ヤードスティック競争の下では良い政治家が悪い政治家の再選機会を減少させるという外部性が発生している。

　このように以上で考察したヤードスティック競争モデルには、税率設定は現職政治家の選挙結果に影響を与えるので、現職政治家はそれを織り込み税率を設定すること、また、ヤードスティック競争の下では現職政治家の税率設定は類似地域の税率設定に影響されるといった２つ重要な特徴があることがわかる。

2.4 Bordignon et al.（2004）モデル[13]：公共財供給費用へのショックとヤードスティック競争

　Bordignon et al.（2004）は Beslay and Case（1995）のモデルにおいて2つの地域が公共財供給の費用に関して共通のショックを受けているという過程を緩和し、ヤードスティック競争下の政治家の税率設定を考察した。

　投票者が他地域の現職政治家の行動を基準にして自地域政治家の税率を評価するとき、2つの地域の自然環境や経済環境などが同一の地域でなければ、他地域の政治家が設定した税率は自地域と比較する基準として不完全な情報となる。なぜならば、他地域と自地域の税率を比較するとき、投票者は公共財の供給費用へショックの違いで両地域の税率が異なっているのか、または、政治家がレントをとっているために両地域の税率が異なっているのかを区別することができないからである。そして、現実的な地域を考えると、公共財の供給費用へのショックの差が小さいところもあれば、大きいところも存在する。

　したがって、地域間で公共財供給費用へのショックが異なったとき、ヤードスティック競争が有効に機能するのか否かを考察することは重要であろう。以下では、Bordignon et al.（2004）のモデルをサーベイすることで、地域間で公共財供給費用へのショックが異なったときにヤードスティック競争下の政治家の税率設定にどのような影響を与えるのかを考察する。

　経済には、現職政治家、対抗馬で選挙に立候補する政治家、投票者（地域住民）の3つの主体が存在する。経済は2つの期間に渡って存続する。そして、第1期目の最後に選挙が行われる。現職政治家は両期間ともに税率と公共財の供給水準を決定する。政治家には、良い政治家と悪い政治家の2つの

タイプが存在する。良い政治家は、可能な最も低い税率で公共財を供給したい。しかし、悪い政治家はレントを得たいがために、公共財を供給する際に必要以上の高い租税を住民に課税したい。政治家は自身のタイプを知っているが、地域住民は政治家のタイプを知らず予測するのみである。地域住民は現職政治家と対抗馬で立候補した政治家の両方について、$\theta(\theta\in(0,1))$ の確率で良い政治家であると予測する。公共財の生産関数は、ランダムショックに従うとする。もし、ショックが良いものであったときには、公共財 g^* の水準を生産するために t^* の租税が必要であり、また、ショックが悪いものであったときには、g^* だけ生産するために、$t^*+\Delta$ の租税が必要になる。悪いショックが発生する確率は $q(q<1)$ である。すべての経済主体の将来割引率は $\delta(\delta<1)$ となっている。

　一連のゲームの手順は以下のようになっている。第1期において、自然が最初に動き現職政治家のタイプとショックの両方を選択する。現職政治家は自然の動きを観察し、そして、第1期目の税率と公共財の供給量を決定する。その地域に居住する住民は、自然の動きを観察することはできないが、地方政府の財政選択を観察することができ、また、経済の確率的な構造を知っている。地域住民は、現職政治家のタイプに対する信念を修正するために、自身で観察できる政治家のタイプと公共財供給費用へのショックを用いる。$\mu(\theta, t, g)$ は地域住民の現職政治家のタイプに対する信念を示しているとする。選挙が開催されたとき、地域住民は良い政治家である確率が、より高いと予測する政治家に投票する。現職政治家と対抗の政治家において良い政治家である確率が無差別の場合は、地域住民は現職政治家に投票すると仮定する。したがって、現職政治家は、

$$\mu(\theta, t, g) \geq \theta \tag{17}$$

であるとき、再選される。良い政治家でも悪い政治家でも選挙で当選すれば、第2期目において、税率と公共財の供給量を決定する。

2.4.1　1地域ケースにおける均衡

ここでは、上記の投票者と政治家の動学的不完全情報ゲームを解くために、完全ベインジアン・ナッシュ均衡を求める[14]。

両方のタイプの政治家は、第1期と第2期ともに一定の公共財の供給水準 g^* を供給すると仮定する。住民は、g^* を観察することができる。良い政治家は戦略的に行動しない。すなわち、良い政治家は、状況に応じて地域住民にとって最も有利な課税を設定する。具体的には、良い政治家は地域へ良いショックが生じている場合には t^*、地域へ悪いショックが生じている場合には $t^*+\Delta$ のように課税を設定する。

悪い政治家は課税を設定する際に自身へのレントをできるだけ多く確保したいと考えている。悪い政治家が確保することができるレントの大きさには上限があるとし、上限の税率は、$t^*+k\Delta(k>1)$ であるとする。第1期目において地域へ良いショックが起こったとき、悪い政治家が課税水準を $t^*+k\Delta$ に設定したとする。このとき、悪い政治家が得るレントは、$k\Delta$ である。

しかしながら、地域住民は地域にどのようなショックが生じているか不確実であるが、悪いショックが生じていたとしても g^* の供給に必要な課税水準が $t^*+\Delta$ であることを知っているので、悪い政治家は $t^*+k\Delta$ に課税水準を設定すると投票者に悪い政治家であることが露呈し、選挙にて落選させられるだろう。このような状況を織り込み第1期目と第2期目を合わせたレントをとる方が得策だと考える悪い政治家は、第1期目に $t^*+\Delta$ という水準に課税を設定するかもしれない。そのときの政治家が得るレントは、$(k-1)\Delta$ である。

このモデルでは第 2 期目より後の期間は考慮されていないので、悪い政治家が選挙で再選すれば、第 2 期目は $t^*+k\varDelta$ の水準に設定し最大のレントを得ようとする。したがって、悪い政治家の戦略的な行動と地域へのショックの種類に依存するが、悪い政治家が得る各期において得ることが可能な最大のレントは、$(k-1)\varDelta$ あるいは $k\varDelta$ であることがわかる。第 1 期目の悪い政治家の選択にはトレードオフが存在している。それは、上述のように、第 1 期目に高いレントを得ようと $t^*+k\varDelta$ を設定すると、住民に悪い政治家であることが知れ、第 2 期目のレントを放棄しなければならないことである。

また、悪い政治家は、次のような戦略をとることもできる。悪い政治家が良い政治家の行動を模倣すると、第 1 期に得られるレントは減少するが、再選する確率が上昇し、第 2 期目に得られるレントが増加する。

地域にとって望ましくないショックが生じているケースにおける悪い政治家の均衡税率を考えよう。このとき、第 1 期目において、悪い政治家は課税を $t^*+k\varDelta$ に設定する。第 1 期目に $t^*+k\varDelta$ を設定すると住民に悪い政治家であることが露呈し、落選することになるが、悪い政治家はこの戦略をとることになる。悪い政治家が第 1 期目に $t^*+\varDelta$ に設定したとすれば、この期に得られるレントはゼロである。そして、再選され第 2 期目に $t^*+k\varDelta$ に設定すれば、第 2 期目に得られるレントは、$(k-1)\varDelta$ であるが、第 2 期目のレントは割り引かれ、$\delta(k-1)\varDelta$ となる。地域にとって望ましくないショックが生じているケースにおいて、第 1 期目に $t^*+k\varDelta$ に設定した場合と $t^*+\varDelta$ を設定した場合に得られる総レントを比較すれば、

$$(k-1)\varDelta > \delta(k-1)\varDelta$$

を得る。したがって、地域にとって望ましくないショックが生じているとき、悪い政治家は第 1 期目に税率を $t^*+k\varDelta$ に設定し最大のレントを得ようとす

る。

　次に地域にとって望ましいショックが生じているケースにおける悪い政治家の均衡税率を考える。このとき、第1期目において、悪い政治家は課税を $t^*+\Delta$ に設定する。第1期目に $t^*+\Delta$ を設定したときの総レントは、$\Delta+\delta k\Delta$ である。第1期目に $t^*+k\Delta$ を設定するとより大きいレントが手に入るが、住民によって落選させられるため、第2期目のレントは放棄しなければならないので、第1期目に $t^*+k\Delta$ を設定したときに得られる総レントは、$k\Delta$ である。また、第1期目に t^* を設定した場合の総レントは、$\delta k\Delta$ である。地域にとって望ましいショックが生じているケースにおいて、$\delta \geq (k-1)/k$ を仮定し、第1期目に、$t^*+\Delta$、$t^*+k\Delta$、t^* を設定した場合に得られる総レントを比較すれば、

$$\Delta+\delta k\Delta > k\Delta > \delta k\Delta \tag{18}$$

を得る[15]。(18)式より、地域にとって望ましいショックが生じているとき、悪い政治家は第1期目に税率を $t^*+\Delta$ に設定し最大のレントを得ようとする。

　次に政治家の再選について考える。このように $t^*+\Delta$ に設定したとき、第1期目に Δ だけのレントを得ることができるが、悪い政治家は再選することができるのだろうか。$t^*+\Delta$, g^* であるときの投票者の政治家のタイプに対する信念は、

$$\mu(\theta, t^*+\Delta, g^*) = \frac{q\theta}{q\theta+(1-q)(1-\theta)}$$

となる。ここで、$q \geq 1/2$ を仮定すれば、

$$\mu(\theta, t^*+\Delta, g^*) \geq \theta$$

第2章 公共部門の効率化と地方政府間におけるヤードスティック競争　63

を得る。したがって、地域にとって望ましいショックが生じているとき、悪い政治家が第1期目に税率を $t^*+\Delta$ に設定したとき、$q \geq 1/2$ を仮定すると、悪い政治家は再選されることがわかる。

2.4.2　ヤードスティック競争下における均衡

ここでは、地域間の情報のスピルオーバーを導入し、住民が現職を再選させるか否かを決定する際に他地域の政治家の実績を基準として、自地域の政治家を再選させるか否かを決定するモデルを構築する。他地域の政治家の業績に劣れば、現職は再選する確率が低下するため、他地域の政治家よりも良い政策を実行しようとするヤードスティック競争が生じることになる。本細節では、ヤードスティック競争が生じている場合、政治家はどのような税率を設定するのかを考察する。

2.4.1のモデルに他地域である1地域を加え、経済には2つの地域が存在するとする。地域住民は、第1期において他地域の現職政治家が決定した公共財の供給量と税率がどのような水準であるのかを知ることができる。したがって、地域 i に居住する住民の現職政治家のタイプに対する信念は、$\mu_i(\theta, t_i, t_j)$ である[16]。地域の住民が他地域の政治家の課税や公共財の水準を基準にするとき、自地域と他地域はある程度、類似した経済環境、自然環境でなければならない。たとえば、大都市と小規模都市では必要な公共財の水準や課税の水準は異なっているし、地域独特の自然環境が大きく異なっている場合も、地域間で必要な公共財と課税は違うはずである。したがって、経済環境や自然環境が大きく異なった地域の公共財や課税水準を自地域の基準とすることには無理がある。

このように、他地域の政治家の実績を基準とすることに意味があるようにするために Besley and Case（1995）では2地域への地域ショックは完全に相

関していることが仮定されている。しかしながら、直感的に完全に相関した地域ショックを持つ地域は、現実的にかなりまれなケースであると考えられる。そのため、Bordignon et al.（2004）は地域間における相関の程度をモデルに導入し、地域間で地域ショックの相関が完全でないとき、ヤードスティック競争下において税率がどのような水準で設定されるのかを考察している。地域間の地域ショックの相関の程度は、現職知事の行動に影響を与えることが後に明らかにされる。

　2つの地域において、地域へ望ましいショック、あるいは望ましくないショックが生じるのかの確率は次のように示されるものとする。

$$\text{Prob}(N, N) = \sigma q, \text{Prob}(P, N) = \text{Prob}(N, P) = (1-\sigma)q,$$
$$\text{Prob}(P, P) = (1-q)(2-\sigma) \tag{19}$$

　ここで、(19)式のProb(・, ・)は同時確率、Nは地域への望ましくないショック（negative shock）、Pは地域への望ましいショック（positive shock）を示している[17]。σは2つの地域間の相関の程度を示すパラメーターである。また、$\sigma=1$であるとき、2つの地域で生じるショックは独立であり、$\sigma=q$であるとき、2つの地域のショックは完全に相関していることになる。そして、$q<\sigma<1$のとき、2つの地域のショックは不十分に相関していることになる。

　2つの地域の現職政治家は同時に課税水準を決定する[18]。また、現職政治家は自身の地域に起こるショックを観察することができ、自身と他地域の現職政治家のタイプを知っていることとする。以上でモデルの主要な設定は終えた。

　地域住民が他地域の現職政治家の実績を比較基準とするとき、現職政治家は、他地域の課税水準と異なれば、選挙で落選させられるかもしれない。したがって、現職政治家は選挙を意識し、住民にとってより良い課税水準を選

択する。このようなヤードスティック競争が生じているもとで、現職政治家の税率設定が全細節とどのように変化するのかを次に考察する[19]。地域へのショックが望ましくないものであった場合、悪い政治家は最大のレントをとるように税率を $t^*+k\Delta$ に設定することを選択する。$t^*+k\Delta$ と $t^*+\Delta$ を設定したときに得られる総レントを比較すれば、

$$(k-1)\Delta > \delta(k-1)\Delta \tag{20}$$

が得られるからである。(20)式は、第1期目に $t^*+k\Delta$ を選択し、$(k-1)\Delta$ のレントを得ることが入手可能な最大のレントであることを示している。第1期目に $t^*+k\Delta$ を選択した場合、投票者に悪い政治家であることが分かるため、落選し第2期には何もレントを得られない。しかしながら、第1期目に $t^*+\Delta$ を選択した場合、第1期目に得られるレントは、ゼロであり、第2期目に得られるレントは $\delta(k-1)\Delta$ である。そのため、悪い政治家は、落選覚悟で第1期目に $t^*+k\Delta$ を選択し、$(k-1)\Delta$ のレントを得ようとする。

地域へのショックが望ましい場合の悪い政治家の行動を考える。ここで後の分析のために、第1期目に税率を $t^*+\Delta$ に設定したときの悪い政治家の再選確率を求めると以下のようになる。

$$\begin{aligned}
G(t^*+\Delta) = &\text{Prob}(\varepsilon_j=N|\varepsilon_i=P)[\theta R(t_i=t^*+\Delta, t_j=t^*+\Delta) \\
&+(1-\theta)R(t_i=t^*+\Delta, t_j=t^*+k\Delta)] \\
&+\text{Prob}(\varepsilon_j=P|\varepsilon_i=P)[\theta R(t_i=t^*+\Delta, t_j=t^*) \\
&+(1-\theta)R(t_i=t^*+\Delta, t_j=t^*+k\Delta)]
\end{aligned} \tag{21}$$

ここで、たとえば、$R(t_i=t^*+\Delta, t_j=t^*)$ は、地域 j の政治家が t^* を設定したときに、地域 i の政治家が税率を $t^*+\Delta$ に設定したときの、地域 i における悪い政治家の再選確率である。また、$\text{Prob}(\varepsilon_j=N|\varepsilon_i=P)$ は、地域 i にお

いて望ましいショックが生じているときに、地域 j において望ましくないショックが起こっている確率である。このような条件付き確率はベイズの定理より、下記のように求めることができる。

$$\mathrm{Prob}(\varepsilon_j=N|\varepsilon_i=P)=\frac{\mathrm{Prob}(N,P)}{\mathrm{Prob}(P)}=\frac{(1-\sigma)q}{1-q} \quad (22)$$

$$\mathrm{Prob}(\varepsilon_j=P|\varepsilon_i=P)=\frac{\mathrm{Prob}(P,P)}{\mathrm{Prob}(P)}=\frac{1-q(2-\sigma)}{1-q} \quad (23)$$

(22)式と(23)式を(21)式へ代入すると、第1期目に税率を $t^*+\Delta$ に設定したときの悪い政治家の再選確率は次式のように表すことができる。

$$\begin{aligned}G(t^*+\Delta)=&\frac{(1-\sigma)q}{1-q}[\theta R(t_i=t^*+\Delta,t_j=t^*+\Delta)\\&+(1-\theta)R(t_i=t^*+\Delta,t_j=t^*+k\Delta)]\\&+\frac{1-q(2-\sigma)}{1-q}[\theta R(t_i=t^*+\Delta,t_j=t^*)\\&+(1-\theta)R(t_i=t^*+\Delta,t_j=t^*+k\Delta)]\end{aligned} \quad (24)$$

そして、第1期目に悪い政治家が $t^*+\Delta$ を設定したときの地域の住民の政治家のタイプに対する信念は下記のようになる。

$$\begin{aligned}&\mu(\theta,t_i=t^*+\Delta,t_j=t^*+\Delta)\\&=\frac{q\theta}{\sigma q\theta^2+2\theta(1-\theta)(1-\sigma)q+(1-\theta)^2[1-q(2-\sigma)]}\end{aligned} \quad (25)$$

$$\mu(\theta,t_i=t^*+\Delta,t_j=t^*+k\Delta)=\frac{\sigma\theta}{\sigma\theta+(1-\theta)(1-\sigma)} \quad (26)$$

$$\mu(\theta,t_i=t^*+\Delta,t_j=t^*)=\frac{s\theta}{s\theta+(1-\theta)(1-s)} \quad (27)$$

ここで、$s\equiv(1-\sigma)q/(1-q)$ と置いている。政治家が再選する確率は、$\mu(\theta,t_i,t_j)\geq\theta$ であった。したがって、(25)、(26)、(27)式より、第1期目に

第2章　公共部門の効率化と地方政府間におけるヤードスティック競争　67

$t^*+\Delta$ を設定したときの悪い政治家の再選確率を求めることができる。j 地域において $t_j=t^*+\Delta$ が設定されているときに、地域 i において悪い政治家が $t_i=t^*+\Delta$ を設定したときの、地域 i の悪い政治家の再選確率は、下記のように導出される。

$$R(t_i=t^*+\Delta, t_j=t^*+\Delta)=1 \quad (\theta+2(1-2\theta)(1-\sigma)q\geq(1-q) \text{ のとき})$$
$$R(t_i=t^*+\Delta, t_j=t^*+\Delta)=0 \quad (\text{その他のとき})$$

また、地域 j において $t_j=t^*+k\Delta$ が設定されているときに、地域 i において悪い政治家が $t_i=t^*+\Delta$ を設定したときの、地域 i の悪い政治家の再選確率は、

$$R(t_i=t^*+\Delta, t_j=t^*+k\Delta)=1 \quad (\sigma\geq 1/2 \text{ のとき})$$
$$R(t_i=t^*+\Delta, t_j=t^*+k\Delta)=0 \quad (\text{その他のとき})$$

となる。最後に、地域 j において $t_j=t^*$ が設定されているときに、地域 i において悪い政治家が $t_i=t^*+\Delta$ を設定したときの、地域 i の悪い政治家の再選確率は、次式のようになる。

$$R(t_i=t^*+\Delta, t_j=t^*)=1 \quad ((1-\sigma)\geq(1-q)/2q \text{ のとき})$$
$$R(t_i=t^*+\Delta, t_j=t^*)=0 \quad (\text{その他のとき})$$

いま、この経済では、地域 i の住民は地域 j において、どのような税率が設定されているのかを観察し、地域 j の税率を基準として、自地域の政治家が設定した税率が他地域と同じか高い場合には落選させるとする。したがって、ヤードスティック競争下において、$t^*+\Delta$ を設定したときの悪い政治家の再選確率は、$\theta\geq\theta^*\equiv[1-q(3-2\sigma)]/[1-4(1-\sigma)q]<1$ であるとき、次式のようになる[20]。

$$R(t_i=t^*+\varDelta, t_j=t^*+\varDelta)=1 \qquad (28)$$

$$R(t_i=t^*+\varDelta, t_j=t^*+k\varDelta)=1 \qquad (29)$$

$$R(t_i=t^*+\varDelta, t_j=t^*)=0 \qquad (30)$$

これら(28)、(29)、(30)式を(24)式に代入すれば、第1期目に税率を $t^*+\varDelta$ に設定したときの悪い政治家の再選確率は次式のように表すことができる。

$$G(t^*+\varDelta)=\frac{(1-\theta)(1-q)+\theta q(1-\sigma)}{1-q}$$

したがって、第1期目において税率を $t^*+\varDelta$ に設定したときの悪い政治家の期待効用は、

$$EU\equiv\varDelta+\delta k\varDelta=\frac{(1-\theta)(1-q)+\theta q(1-\sigma)}{1-q}$$

となる。悪い政治家が第1期目に $t^*+k\varDelta$ ではなく、$t^*+\varDelta$ を選択するのは、

$$\varDelta+\delta k\varDelta=\frac{(1-\theta)(1-q)+\theta q(1-\sigma)}{1-q}\geq k\varDelta \qquad (31)$$

であるときである。これは、第1期目に $t^*+k\varDelta$ を選ぶよりも $t^*+\varDelta$ を選択する方が、得られる総レントが多くなる条件である。(31)式を δ について解けば、

$$\delta\geq\frac{(k-1)(1-q)}{k[(1-\theta)(1-q)+\theta q(1-\sigma)]} \qquad (32)$$

を得る。(32)式は、悪い政治家が第1期目に $t^*+k\varDelta$ を選ぶための条件となっている[21]。

以上の議論から、$q<1/2$、$\sigma>1/2$ を仮定すると、$\theta^*<1$、$\delta^*<1$、$k^*<1$ が存在し、地域において、第1期目に悪い政治家は税率を $t^*+\varDelta$ に設定するこ

とになる。したがって、地域ショックが完全に相関しないとき、ヤードスティック競争が生じたとしても、税率は低下しないことが明らかになった。

2.5 Allers(2012)モデル[22]：地域間における財政格差とヤードスティック競争

　これまでにヤードスティック競争モデルを考察してきたように、地域間で情報がスピルオーバーすれば、投票者は他地域の政治家の実績を基準に自地域の政治家が良い政治家であるのか否かを予測することができる。このような投票者の行動は、現職政治家が他地域の政治家が設定する税率に依存しながら自地域の税率を設定するという、ヤードスティック競争を発生させることになる。Besley and Case（1995）は、地方政府間のヤードスティック競争は投票者が直面する税率を低くする可能性があることを示した。ヤードスティック競争がこのように有効に機能するためには、各地域の政治家の行動の情報が地域を越えて十分にスピルオーバーしなければならない。

　しかしながら、投票者が他地域の公共財供給量や税率から他地域政治家の真の実績の情報を得ることが困難な場合、ヤードスティック競争にはバイアスがかかることになる。たとえば、地域間に財政力格差が存在しており、投票者は他地域の公共財供給量や税率から、自地域と他地域の間でどの程度の財政力格差があるのかわからない場合である。このケースでは、公共財の供給費用よりも税収が豊富な地域の政治家が多くのレントを搾取していたとしても、地域住民からは良い政治家であるように評価される可能性がある。一方で、公共財供給費用に必要な税収しか徴収することができない財政的に貧しい地域の政治家はレントシーキングを行わない良い政治家であっても悪く評価される可能性がある。

このように財政力格差の情報が他地域に伝わらない場合、投票者が他地域の政治家の実績を基準にするとき、その基準には認知できない財政格差の分だけバイアスがかかることになる。

Allers（2012）は先行研究では焦点に当てられていなかった財政格差が投票者の評価基準（ヤードスティック）に与える影響を分析し、ヤードスティック競争の研究を新たに展開させた。ここではAllers（2012）のモデルを概観することで、財政格差によってヤードスティック競争がどのようにバイアスがかけられるのか、またヤードスティック競争が有効に機能するためにはどのような対策が必要なのかを考察する。

ヤードスティック競争が有効に機能するためには、同じ外生的なショックを持つ比較可能な地域が存在せねばならない。しかしながら、同一の制度が設定されており、公共サービスを供給する責任も同じであり、共通の外生的ショックに依存する2つの地域が存在したとしても、その2つの地域は歳入の豊かさや公共財の需要に関しては異なっている可能性がある。

このような地域間における財政格差（歳入－歳出）は2つの理由によって生じると考えられる。第1に、地域間で公共財への需要が異なるために、財政需要が多い地域の地方政府はより多くの歳出が必要となったり、また、財政需要が少ない地域の地方政府の歳出は小さくなるため、財政支出の地域間格差が生まれる。第2に、歳入の能力は地域間で異なっているために、たとえば、課税ベースが豊かな地域の地方政府は適度な税率で大きな歳入を得ることができ、課税ベースが貧しい地域の地方政府は税率を高くしても大きな歳入を得ることができず、この場合、地域間で歳入能力の格差が生じることになる。

ヤードスティック競争が有効に機能するためには、地方政府が設定する税率や公共財供給量の地域間の差は、地方政府が進める政策の差にのみ依存す

べきであり、それは、財政格差によって影響を与えられてはならない。上述したように投票者の評価基準にバイアスをかけるからである。

　以上のようなヤードスティック競争に地域間財政格差を導入した Allers (2012) のモデルを説明する。2つの地域が存在する経済を考える。この2つの地域は歳入の能力と公共財への需要の違いを除けば同一の地域であると仮定する。地域には公共財が供給され、公共財の供給費用は税収入によって賄われるとする。地域 i の予算制約は、

$$E_i = \theta_i \beta_i B, \ i = 1, 2 \tag{33}$$

のように表される。ここで、E_i は地域の1人当たり歳出、B は2つの地域の平均的な1人当たりの課税ベース、β_i は相対的な1人当たり課税ベースであり、$\beta_i \equiv B_i / B$ とおいている。B_i は地域 i の1人当たり課税ベースであるので、$B \equiv (B_i + B_j)/2$ である。θ_i は地域 i における課税率であり、課税ベースに占める課税収入の割合である。$0 < \theta_i < 1$ のように仮定する。したがって、$\beta_i B \ (= B_i)$ は地域 i における1人当たり課税ベースであるので、$\theta_i \beta_i B$ は地域 i で徴収される1人当たり税収である。(33)式の予算制約は1人当たりの歳出と歳入が等しくなることを表している。

　予算制約に関して、政治家は β_i を知っているが、投票者は観察することができないと仮定する。各地域は選挙で当選した政治家によって管轄されている。地域 i を管轄する政治家は公共支出額 E_i のうち ρ_i の割合をレントとして取ることができる。搾取できるレントの割合は、$0 \leq \rho_i < 1$ であると仮定する。地域1と地域2は共通の外生的なショック ω を受け、そのショックに依存して住民へ供給される公共財の量が変化する[23]。住民が直面する公共財の供給量は、地域独自の公共財供給コスト指標 γ_i ($\gamma_i > 0$) にも依存しているとする。これは必要とされる公共財供給量を決定するための外生的な要因を示

しており、たとえば、地域の人口数や地域人口の年齢構成や所得構成などである[24]。したがって、住民1人当たりが消費可能な公共財の供給量 S_i は、次式のように表すことができる。

$$S_i = \omega \frac{(1-\rho_i)E_i}{\gamma_i}, \quad i=1,2 \tag{34}$$

(34)式は、公共支出 E_i は、政治家にレントを ρ_i だけ取られ、地域共通ショック ω、地域独自のショック γ_i の影響を受けた上で住民が消費できる公共財供給量の水準が決定されることを示している。(34)式右辺の ω, γ_i, ρ_i は、各地域の政治家は知っているが、住民は観察することができない。各地域の投票者は両地域の公共財の供給水準 S_i ($i=1,2$) と各地域の税率 θ_i ($i=1,2$) のみを観察することが可能である。そして、投票者は、より低い税率でより多くの公共財を供給した政治家を高く評価すると仮定する。したがって、投票者は税率1単位当たりの公共財供給量 (S_i/θ_i) を最大化するような政治家を選択する。

ここでも現職の政治家か、あるいは対抗馬の政治家を当選させるのかを決定する選挙が開かれるとする。選挙が行われたとき、地域 i の投票者は他地域 j の税率1単位当たりの公共財供給量 (S_j/θ_j) を基準に現職政治家を再選させるか否かを決定する。投票者が現職政治家を再選させるか否かの決定させるためには相対的な業績 π_i を基準として用いるとする。π_i は次式のように定義される。

$$\pi_i = \frac{\dfrac{S_i}{\theta_i}}{\dfrac{S_j}{\theta_j}}, \quad i=1,2, \quad i \neq j \tag{35}$$

(35)式より、$\pi_i > 1$ であるとき、$(S_i/\theta_i) > (S_j/\theta_j)$ となり、地域 i の政治家

は他地域の政治家よりも優れていると評価され、再選されることになる。また、$\pi_i<1$のとき、$(S_i/\theta_i)<(S_j/\theta_j)$であり、地域$i$の政治家は他地域の政治家より劣っていると判断され再選されない。(34)式を(35)式に代入すれば、

$$\pi_i=\frac{(1-\rho_i)\frac{E_i}{\gamma_i\theta_i}}{(1-\rho_j)\frac{E_j}{\gamma_j\theta_j}}, \quad i=1,2, \quad i\neq j \tag{36}$$

を得る。さらに、(36)式に(33)式を代入すると次式のようになる。

$$\pi_i=\frac{(1-\rho_i)\frac{\beta_i}{\gamma_i}}{(1-\rho_j)\frac{\beta_j}{\gamma_j}}, \quad i=1,2, \quad i\neq j \tag{37}$$

ここで、(37)式右辺における各地域のβ_i/γ_i ($i=1,2$) の比率を

$$\lambda_i=\frac{\frac{\beta_i}{\gamma_i}}{\frac{\beta_j}{\gamma_j}}, \quad i=1,2, \quad i\neq j \tag{38}$$

のように定義する。ここで、$\beta_i\equiv B_i/B$であるので、λ_iはB_i/γ_iとB_j/γ_jの比率になっている。したがって、λ_iは地域独自のショック(γ_i)1単位当たりの課税ベース(B_i)の地域間における比率になっており、地域における財政格差の比率として考えることができる。(38)式を(37)式に代入すると、投票者が現職政治家を再選させるか否かを決定する際に用いる基準は、次式のように表すことができる。

$$\pi_i=\frac{(1-\rho_i)}{(1-\rho_j)}\lambda_i, \quad i=1,2, \quad i\neq j \tag{39}$$

上述のように$\pi_i>1$であるとき、地域iの投票者は自地域の現職政治家が他地域の政治家の実績よりも優れていると考えるだろう。地域間で財政格差がない状態の$\lambda_i=1$であるとき、(39)式より$\rho_i<\rho_j$を得るので、π_iは現職政

治家の真の実績に関する情報を与える。しかしながら、$\lambda_i \neq 1$ であるとき（地域間で財政格差があるとき）は、π_i はバイアスがかかった情報を投票者に与えることになる。たとえば、地域 i の方が地域 j よりも財政的に豊かな地域である状況、すなわち $\lambda_i > 1$ であるとする。そのとき、地域 i の投票者が $\pi_i > 1$ を観察し、自地域の現職政治家を再選させたとする。しかしながら、$\lambda_i > 1$ であるとき、$\pi_i > 1$ は $(1-\rho_i)\lambda_i > (1-\rho_j)$ となるため、$\pi_i > 1$ は地域 i の政治家が他地域よりも、課税1単位当たり公共財供給量が多いことを示してはいない。したがって、$\pi_i > 1$ の基準に従い再選された地域 i の政治家は他地域よりも財政が豊かであることをよいことに $\pi_i > 1$ が保たれないようになる寸前までレントをとる悪い政治家であるかもしれない。

おわりに

　本章ではこれまでヤードスティック競争の先駆的な研究である Besley and Case（1995）のモデルを考察し、その後ヤードスティック競争モデルを新たに進展させた代表的な研究である Bordignon et al. (2004)、Allers (2012) のモデルをみてきた。

　Besley and Case（1995）はヤードスティック競争は政治家の行動を適正にする機能があることを示した。そして、Bordignon et al. (2004) は類似した地域でなければ（地域が同一の外生的ショックを受けていなければ）Besley and Case（1995）が示したヤードスティック競争の機能は有効に機能しない可能性があることを明らかにした。また、Allers (2012) は地域間に財政格差が存在するとき、ヤードスティック競争は良い政治家よりも悪い政治家を再選させる可能性を示した。

　これらの先行研究より、ヤードスティック競争が政治家の行動を住民が望

む良い方向へと導く機能を持つためには、投票者が同じ外生的ショックを受けている地域や同一の財政能力を所持している地域を基準にする必要があることがわかる。しかしながら、投票者が地域間でどれだけの環境やその他の外生的ショックがあるのか、また、地域間で歳入や歳出がどのように決まっているのかを正確に観察することは困難であろう。したがって、ヤードスティック競争を有効に機能させるためには、地域間の外生的なショックや財政格差を縮小させる政策が必要となる。そして、ヤードスティック競争モデルの先行研究を概観することから、NPM 理論における Economy、Efficiency、Effectiveness の評価基準に、地域の外生的ショックの差や財政格差についての適切な情報を導入することは重要であることがわかる。その評価基準を用いて住民が同じタイプの外生的ショックや財政状況をもつ地方政府の行動を比較し評価するならば、ヤードスティック競争は地方政府の行動を効率的な方向へ導く機能を発揮するからである。このような場合、外生的ショックの地域間格差や財政格差を縮小させなくともヤードスティック競争は正常に機能することとなる。

一方、Allers(2012) の結果より、豊かな地域から貧しい地域への地域間補助金は両地域の住民の厚生を改善させる可能性がある。豊かな地域から貧しい地域へ補助金を移転すると財政格差は改善され、豊だった地域はレントを取る余裕がなくなり、経済全体で取られるレントが少なくなる可能性があるためである。このように、財政格差を改善しヤードスティック競争の評価基準へのバイアスを取り除くと同時に、経済の全住民の厚生水準を上昇させるような地域間の補助金を考察しなければなれらない。

ヤードスティック競争が機能するためには中央政府の主動による補助金なのか、または地域間相互による補助金なのか考察する必要があるだろう。また、ヤードスティック競争の先行研究の全体を通じて、ヤードスティック競

争と効率性との関係を考察した研究は少ない[25]。ヤードスティック競争は資源配分の観点から望ましいのか否かを考察することが今後望まれる。

注
1) NPM 理論は大住（1999、2003）において、また、NPM 理論と公共部門の効率化や地方分権の推進との関係は西垣他（2003：第9章）において詳細に解説されている。
2) 住民による投票が地方政府や政治家の行動を住民の望む方向へと導く手段となるためには、住民が他地域の政治家の行動の情報が手に入るように、地域間で情報がスピルオーバーしているのが前提である。
3) Rosen（2009）、pp. 511-512 では、「足による投票」仮説とアメリカの地方財政における現実との接点を次のように述べている。「アメリカではどの年においても前年から居住地を変更する人がアメリカの全人口の16％に上り、アメリカの大都市の半径20マイル（約32km）以内には人々が居住するために選択することができる郊外都市が、およそ数百も存在する。」このように、「足による投票」仮説がアメリカ地方財政の現実的側面の1つをとらえたモデルであることを指摘している。対照的に日本では、地域間の住民移動はアメリカよりも活発ではなく、また近年の市町村合併によって住民が選択できる地域の数は減少している。
4) 小西（2009）、pp. 246-247 においても同様のことが指摘されている。
5) ヤードスティック競争によって落選することを織り込んだ政治家は第1期目の税率を高く上昇させる。しかしながら、このように高い税率に設定したレントを取得したい政治家は落選し、第2期目にはレントをとることができない。したがって、ヤードスティック競争の下では、第1期目に税率が高くなり、2期目には低くなる。
6) ここでの財政格差とは、地域間における課税ベースによる歳入の能力の格差と財政需要（地域で必要とされる公共財）の格差である。
7) 本節の議論は Beslay and Case（1995）に依るところが多い。
8) Beslay and Case（1995）のモデルは、井堀（1996）、pp. 120-124.においても解説されている。
9) つまり、$M-L=\Delta$、$H-M=\Delta$、$H-L=2\Delta$ である。
10) ショック L が生じる確率は q_L、ショック M が生じる確率は q_M、ショック H

が生じる確率は q_H である。
11) 投票者は良い政治家はレントを取ろうとはしないことを知っている。したがって、現職政治家が τ_4、あるいは τ_5 の税率を設定したとき、その政治家は1の確率で悪い政治家であると予測する。
12) この仮定は、Bordignon et al.（2004）において緩和されている。
13) 本節における議論は Bordignon et al.（2004）に依るところが多い。
14) Bordignon et al.（2004）では、簡単化のため、純粋戦略のもとでの均衡のみが求められている。
15) $\Delta \geq (k-1)k$ は第1期目に $t^* + k\Delta$ よりも $t^* + \Delta$ に設定する方が得ることができる総レントが多くなることを表した条件である。
16) 関数および変数の下付き添え字は地域を示している。また、$i=1,2$、$i \neq j$ である。
17) たとえば、$\mathrm{Prob}(P, N)$ は地域1では望ましいショック（P）が生じ、地域2では望ましくないショック（N）が引き起こされる確率でを示している。
18) 簡単化のため、ここでも両地域の現職政治家は同一の公共財の量 g^* を供給すると仮定する。
19) また、Bordignon et al.（2004）はヤードスティック競争が生じているもとで、悪い政治家が良い政治家の行動を模倣するのか否かに特に焦点を当てている。
20) $\sigma > 1/2$ であるとき、$\theta \geq \theta^* < 1$ となる。
21) $\delta^* \equiv (k-1)(1-q)/k[(1-\theta)(1-q) + \theta q(1-\sigma)]$ のように置く。$k < k^* \equiv (1-q)/\theta 1 - q(2-\sigma)$ であるとき、$\delta^* < 1$ となる。
22) 本節における議論は Allers（2012）に依るところが多い。
23) 地域へのショックの仮定は、Besley and Case（1995）と同様である。Bordignon et al.（2004）は地域ショックが共通でない場合も考慮し、この仮定を緩和した分析を行っている。
24) 地域の人口や年齢構成、所得構成などが変化すれば、公共財の需要量が変化する可能性がある。このような地域独自のショック γ_t は Beslay and Case（1995）や多くのヤードスティック競争の先行研究において同一であると仮定されている。
25) 例外として、Besley and Smart（2007）はヤードスティック競争の均衡がセカンド・ベストを達成するのか否かを考察している。そこでは、投票者が他地域の政治家の多くの情報を得ると、投票者の厚生が減少するという結果を得ている。

参考文献

Allers, M. A. (2012) "Yardstick competition, fiscal disparities, and equalization," *Economics Letters,* Vol. 117, pp. 4-6.

Besley, T. and A. Case (1995) "Incumbent behavior: vote seeking, tax setting and yardstick competition," *American Economic Review,* Vol.85, pp. 25-45.

Besley, T. and M. Smart (2007) "Fiscal restraints and voter welfare," *Journal of Public Economics,* Vol. 91, pp. 755-773.

Bordignon, M., Cerniglia, F. and Revelli, F. (2004) "Yardstick competition in intergovernmental relationships: theory and empirical predictions," *Economics Letters,* Vol. 83, pp. 325-333.

Rosen, H. S. (2009) *Public Finance,* 9th ed, McGraw-Hill/Irwin.

Tiebout, C. M. (1956) "A pure theory of local expenditures," *Journal of Political Economy,* Vol. 64, pp. 416-424.

井堀利宏（1996）『公共経済の理論』有斐閣。

大住荘四郎（1999）『ニュー・パブリック・マネジメント：理論・ビジョン・戦略』日本評論社。

大住荘四郎（2003）『パブリック・マネジメント：戦略行政への理論と実践』日本評論社。

小西秀樹（2009）『公共選択の経済分析』東京大学出版会。

西垣泰幸編著（2003）『公共経済学入門』八千代出版。

第3章
地方公共財の供給、行財政評価と
ヤードスティック競争

西垣泰幸・東裕三

はじめに

　第1章において述べたように、日本では地方分権が進展し、地方政府の政策決定の自由度が高まっている。それに伴って、政策運営・目標管理などのプロセスにおいて、政策評価の重要度も著しく増している。政策評価は公共政策の有効性を高めるための重要な一段階であり、これまでにも多くの研究が蓄積されてきた。それらは、経済学との関連でいえば、費用便益分析や費用効果分析であり、公共プロジェクトを評価するためのよく知られた手法である。ところが、これは長期間にわたる費用の現在価値合計と政策効果や便益の現在価値合計とを比較し、内部収益率により投資の有利性を判断するものであり、個々の政策評価や、あるいは大きなプロジェクトの一部の政策評価に応用することが難しい[1]。

　また、第1章において述べたように、近年地方分権の進展とともに新しい公共運営（NPM：New Public Management）が注目されている。そこにおける政策評価は、①政策の策定段階、②実施段階、そして③成果の評価の段階について、「投入要素の最小化による経済性」（Input Economy）、産出物の最大化

に関する効率性（Output Efficiency）、成果の目的合理性に関する有効性（Effectiveness）の基準に基づき評価するものである[2]。しかしながら、データの利用可能性に関する制約や成果測定の技術的な問題から、多くの場合には数量的な評価は困難であり、記述的、抽象的な評価にとどまるのが現状である。

本章では、地方政府間の競争という視点から政策評価に接近する。そして、これまで主に公益事業規制に適用されてきたヤードスティック評価の手法を、地方政府のパフォーマンス評価に適用する手法を提案する。

3.1 地域間競争、ヤードスティック競争と業績評価

地方政府間の競争的な関係性は、地方行政当局の行政規律を高め、地方公共財供給の費用効率性を高めることが研究されてきた。このような研究のさきがけはティブーの「足による投票理論」（Tiebout 1956）である。この理論によると、バラエティ豊かな公共財と税負担の組み合わせを提供する多数の自治体があり、住民が各自の効用を最大化するように居住地域を選択するのであれば、このような地方分権的財政システムにより効率的な地方公共財供給が達成される。さらに、住民の自治体間の自由移動が保証されるなら、住民の居住地選択がいわば公共財ニーズを顕示選好するメカニズムの役割を果たし、各自治体の供給する公共財に対する選好が顕示される。さらに、その地域の公共財から得られる満足が、他地域のそれより高いことを意味しており、いわば当該地域の行政活動に関する業績評価（パフォーマンス評価）につながることが明らかにされた[3]。しかしながら、このモデルは地方政府による公共財供給の、いわば完全競争的モデルとも言えるもので、多数の政府の存在や、完全情報、住民の費用を伴わない地域間移動など強い理論的想定

を基礎として成立するものであった。

　他方、シーブライト（Seabright 1994）によるヤードスティック競争は、情報の不完全性、非対称性を想定するプリンシパル＝エージェントモデルである[4]。無数の地域の存在、情報の完全性や住民の完全移動性を基礎としない点が、ティブーモデルよりも弱い想定に立つものであると考えられる。これは、2地域による地域間競争モデルであり、そこではプリンシパルとしての住民が、エージェントである地方政府の首長や議会と公共財供給と租税負担に関する契約を、地方選挙を通じて結ぶと考える。地方選挙において、住民が居住地域の公共財と租税負担から得られる効用水準を、近隣地域のそれと比較して検討したうえで次期の再選を許すかどうかを決定し投票するなら、地域間のヤードスティック競争が現出して、政府の努力水準を最大化することができるというものである。

　このような、選挙の得票による再選を目指して競い合うような地域間競争の概念は、実証的には肯定されるのであろうか。ベズレー、ケース（Besley and Case、1996）は、アメリカの地方財政と選挙データに基づいて、アメリカでは減税が得票の手段となり、地方の首長は再選のための戦略として住民税や所得税を切り下げる行動が観察できることを実証的に示している。西垣、東、西本、矢杉（Nishigaki, Higashi, Nishimoto and Yasugi、2013）では、日本の都道府県データに基づき、ヤードスティック競争の実証分析を行っている。日本では、各都道府県レベルでの地方税率にはほとんど差がないため、支出ベースでの推計を試みた。その結果、民生費や固定資本形成などいくつかの支出項目について、現職知事の再選確率との間に有意な相関が示された。

　ヤードスティック競争に関する研究の進展の中で、バイバンド、シマンスキー（Bivand and Szymanski、1997）は、ヤードスティックモデルを地方公益事業に関する委託契約に適用し、費用構造が似通った近隣自治体の費用情報

を用いたヤードスティック評価が、効率的な委託契約をもたらすことを明らかにした。本章では、西垣、西本、矢杉、東、Wongによる研究（Nishigaki, Nishimoto, Yasugi, Higashi and Wong、2016）を応用して、ヤードスティック競争のもとでの地方政府の公共財供給に関するパフォーマンス評価の検討を行う。以下で展開されるモデルは、バイバンド、シマンスキーのモデルを拡張し、自治体の公共財供給に関する業績（パフォーマンス）評価に応用するものである。それを用いて、近隣自治体のパフォーマンス情報（業績評価のためのベンチマーク）を活用したヤードスティック評価が、地方政府の公共財供給における効率性を改善するために有効かどうかを検討する。

　以下では、住民をプリンシパルとし地方政府をエージェントとする非対称情報のプリンシパル＝エージェントモデルにおいて、地方政府の公共財供給に関するパフォーマンス情報をもとに、住民が地方政府に評価（可変報酬の決定）を下すことを想定する。分析の結果、近隣地域のパフォーマンス情報をベンチマークとして活用したヤードスティック評価に基づくインセンティブ型契約が、個々の地方政府の個別パフォーマンス評価と比較して公共財供給の効率性を高め、地域住民の厚生を改善することが示される。さらに、近隣地域間の自然条件や生産の費用構造が似通っている場合には、特に、ヤードスティック情報に基づく評価の有効性が高まることが示される。

　以下では、議論は次のように進められる。まず、第2節では、2地域からなる地方政府間のヤードスティック競争とパフォーマンス評価に関する簡単なモデルとその仮定が示される。続いて、第2節の後半からは、さまざまなインセンティブ契約の形態とその厚生効果が検討される。第3章においては、このようなヤードスティック競争の現実妥当性とヤードスティック評価の応用可能性が検討される。最後に、第4節において結論を述べる。

3.2 地域のヤードスティックモデル

3.2.1 仮定と基本モデル

Bivand and Szymanski のモデルを拡張して、非対称情報のもとで、プリンシパルとしての住民が、エージェントとしての政府と、地方公共財の供給と税による費用負担に関する契約を交わすモデルを考える。ここでいう契約とは、住民が次期の選挙において現職の首長を再選させるかどうかという選択を示している。近隣地域の情報と比較して自地域の公共財供給とその費用負担に満足すれば、現職首長に投票し再選させることで契約を継続する。逆に、満足しない場合には、選挙において現職首長には投票せず、再選できない。これは、契約の破棄を意味している[5]。

このモデルにおける基本的な設定は、以下のようなものである。

① 2つの地域が存在し、各地域には代表的個人が住んでいる。
② この個人は地域間を移動せず、公共財とその負担に関する選好をもとにエージェントである地方政府のパフォーマンスを評価して、その評価率を決定する。
③ その参考として、住民は近隣自治体の公共財供給に関する情報を利用する。
④ エージェントである地方政府の報酬は、住民の決めた評価率を反映して決定される(インセンティブ型契約)。

プリンシパルである住民は、私的財と公共財とから効用を得る。

$$U_P = (y_i)^\rho G_i^\gamma \qquad (1)$$

ここで、y_i は所得で示した私的財の消費量であり、G_i は地方公共財である。この効用関数は、危険回避度一定の CRRA (Constant Rate of Risk Aversion) 関数であり、$0<\rho<1$ ならばこの個人は危険回避的であり、$\rho=1$ ならば危険中立的である。

政府も同様に危険回避度一定の CRRA 効用関数を持つと仮定する。

$$U_P = (w_i - e_i^2/2)^\theta \qquad (2)$$

ここで w_i は政府に対する報酬であるレントであり、e_i は公共財やサービスを提供するために政府が払う努力水準を示し、θ は一定のパラメーターである（$0<\theta\leq1$）。各政府が再選をかけて競争するための最低水準のレントを Z とする。これはリザーベーションレントとして働き、プリンシパルから得られる報酬がこれ以下であれば、再選のための努力を行わない。以下では、先行研究にしたがって住民（プリンシパル）は危険回避的であり、政府（エージェント）は危険中立的であると想定する[6]。したがって、(1)式において $\alpha<\rho<1$ を、そして(2)式において $\theta=1$ を仮定する。

以下では、公共財供給の費用効率性に分析を集中するため、Besley and Smart (2007) に従って、公共財はすべての自治体で同一量だけ供給すると仮定し、それを1に基準化する（$G_i=1$）。もちろんその供給コストは可変であり、各自治体の政府が払う努力水準に依存して低下すると仮定する。

各エージェントの公共財供給コストは以下のように示されると仮定する。

$$C(e_i) = x_i - e_i + \varepsilon_i \qquad (3)$$

ここで x_i は公共財供給の基本的コストであり、各自治体を通じて一定であ

り、さらに、公に知られていると仮定する。e_iは地方政府が払う努力水準であり、これは公共財の供給コストを低下させると想定する。そして、ε_iはランダム変数であり、このノイズが存在するために、公共財供給コストは確率変数となる。したがって、地方政府の本当の努力水準は、プリンシパルである住民には観察できない。そして、これが、政府と住民の間の非対称情報を生来させる重要な要因になっている。

　モデルの生産面を簡単にするために、各地域の住民は固定的労働供給を行い、一定の私的財R_iを獲得すると仮定しよう。そこから、公共財供給のためのコストと、地方政府への報酬が租税として引かれるので、残りが私的財の消費量となる。

$$y_i = R_i - C(e_i) - w_i \qquad (4)$$

　分析を簡単にするために、ランダム変数は以下の2つの値のみが実現すると仮定し、相対的に高い値ε^Hが確率pで実現し、相対的に低い値ε^Lが確率$(1-p)$で実現すると仮定する。そして、ε_iの平均値あるいは期待値はゼロであり、$E(\varepsilon_i)=0$と仮定する。

　公共財供給に伴うランダムなコスト変数は、2つの地域で相互に連関していて、相関係数はパラメーターrにより示されると仮定する。2地域におけるランダム変数の実現する確率を、以下のように示す。

$$\begin{aligned}
\Pr(\varepsilon_1^H, \varepsilon_2^H) &= p[1-(1-p)(1-r)], \\
\Pr(\varepsilon_1^H, \varepsilon_2^L) &= \Pr(\varepsilon_1^L, \varepsilon_2^H) = p(1-p)(1-r), \\
\Pr(\varepsilon_1^L, \varepsilon_2^L) &= (1-p)[1-p(1-r)]
\end{aligned} \qquad (5)$$

　ここで、$r=0$ならば、両地域のランダム変数間に相関が存在しないことを意味し、逆に、$r=1$ならば、両地域に実現するランダム変数が完全に一致し

て動いていることを示している。

　プリンシパルである住民は、エージェントである地方政府の本当の努力水準を知らないと仮定しているので、住民による地方政府に対する政策評価は、実現した公共財の供給コストを基礎として行われる。議論を明確にするために、プリンシパルである住民は、以下のような2つのタイプのインセンティブ契約のうち、どちらかをエージェントに提示するとしよう。

(1) 個別契約：$w_i = a_i - b_i C_i$,
(2) ヤードスティック契約：$w_i = a_i - b_i (C_i - C_j)$.

　ここで、住民は固定的な報酬 a_i（固定的なパラメーター）と、努力に比例する報酬率 b_i を選択する。この変数の選択により、政府の政策努力に評価を下すことになる。以下では、この変数の選択の方式（1もしくは2）や、実際に選ばれる数値が住民の厚生水準に大きな影響を及ぼすことになる。

　個別契約の場合においては、エージェントは彼らの公共財供給費用の実現値をもとに評価される。他方、ヤードスティック契約においては、実現したエージェントの公共財供給費用は隣接自治体のそれと比較され、彼らの行った費用低減分が報酬に反映されることになる。このような設定は、Shleifer (1985) において示された公益事業のヤードスティック規制と類似のものであり、地域間における政策競争の効果をもたらすものと期待される[7]。

3.2.2　最適なインセンティブ契約

・政府（エージェント）の最適行動

　まず、政府（エージェント）の最適行動を検討しよう。政府の効用関数(2)式に、報酬契約スキーム(1)、(2)を代入して最大化することにより次式が得

られる。

個別契約：$E(U_G) = w_i - e_i^2/2 = a_i - b_i(x_i - e_i) - e_i^2/2$ (6)

ヤードスティック契約：$E(U_G) = w_i - e_i^2/2 = a_i + b_i(e_i - e_j) - e_i^2/2$ (7)

ここで、a_i, b_i, x_i, e_j はエージェント i にとって所与であることに注意しながら、エージェントの期待効用(6)、(7)を最大化することにより、エージェントにとって最適な努力水準に関する選択が、個別契約とヤードスティック契約のどちらについても、$b_i = e_i$ と与えられる[8]。そしてこれは、プリンシパルである住民にとって、自らの評価が直接政府の努力水準に影響を与えることを意味している。このように、住民がパフォーマンス評価を通じて政府の政策のパフォーマンスをコントロールできるので、政府に対する評価が住民にとっても自らの効用を最大化するための重要なパラメーターとなることがわかる。

・完全情報均衡における最適解

完全情報均衡のもとでは、$\varepsilon_i = 0$ となり、住民の効用水準を最大化する問題、あるいは公共財の総供給費用（$C_i + w_i$）を最小化する問題を解くことにより最適な報酬率が与えられる。

個別契約：

$$\max L_i^I = \{R_i - (x_i - b_i) - [a_i - b_i(x_i - b_i)]\}^\rho \\ - \lambda\{[a_i - b_i(x_i - b_i) - b_i^2/2] - Z\}$$ (8)

ヤードスティック契約：

$$\max L_i^Y = \{R_i - (x_i - e_i) - [a_i - b_i(b_j - b_i)]\}^\rho \\ - \lambda\{[a_i - b_i(b_j - b_i) - b_i^2/2] - Z\}$$ (9)

そして、その解は、個別契約、ヤードスティック契約の両方において $b=1$ となることが示される[9]。これは、情報の非対称性が存在する $\varepsilon_i \neq 0$ の場合にもあてはまる。すなわち、上に示されるような線形のインセンティブ契約においては、エージェントの努力水準に対して完全な保証を行うことを意味している。(Green and Stokey, 1983).

3.2.3 情報の非対称性と線形契約問題

情報の非対称性が存在する状況においては、上に示した2つの契約形態についてのインセンティブパラメーターの設定は、プリンシパルの期待効用最大化問題を解くことにより求められる。ここでは、両者のリスク態度について、住民は危険回避者であり、地方政府は危険中立的であると考えているので、期待効用最大化問題は次のように示される。

$$\max L_i = E(R_i - C_i - w_i)^\rho - \lambda\{E[w_i - b_i^2/2] - Z\}$$

上で示したように、エージェントの最適な努力水準設定から求められるインセンティブと両立的なパラメーターセッティングは $b_i = e_i$ である。

この関係をプリンシパルの期待効用最大化問題に代入することにより、2つの契約形態のもとでの最大化問題は次のように示される。

・個別契約における最適解

個別契約:

$$\max L_i = E\{R_i - (x_i - e_i + \varepsilon_i) - [a_i - b_i(x_i - e_i + \varepsilon_i)]\}^\rho \\ -\lambda\{E[a_i - b_i(x_i - e_i + \varepsilon_i) - e_i^2/2] - Z\} \quad (10)$$

この問題を最大化し、一階の条件を整理することにより、インセンティブ

両立的なパラメーターセッティングとして次のようなルールが得られる。

$$b_i^* = 1 - \frac{E(U_i' \cdot \varepsilon_i)}{E(U_i')}, \tag{11}$$

ここで、

$$E(U_i' \cdot \varepsilon_i) = p(1-p)[U_i'(\varepsilon^H) - U_i'(\varepsilon^L)](\varepsilon^H - \varepsilon^L) > 0, \tag{12}$$

そして、たとえば $U_i'(\varepsilon^H)$ は $\varepsilon_i = \varepsilon^H$ が実現したときの限界効用を示していて、これは次のように示される。

$$U_i'(\varepsilon^H) \equiv U_i'[y_i(\varepsilon^H)] = \{R_i - (x_i - e_i + \varepsilon^H) - [a_i - b_i(x_i - e_i + \varepsilon^H)]\}^\rho$$

・ヤードスティック契約の解

ヤードスティック契約については、プリンシパルである住民の最大化問題は次のように示すことができる。

ヤードスティック契約：

$$\begin{aligned}\max L_i = &\{R_i - (x_i - e_i + \varepsilon_i) \\ &+ [a_i - b_i(x_i - x_j - e_i + e_j + \varepsilon_i - \varepsilon_j)]\}^\rho \\ &- \lambda\{E[a_i - b_i(x_i - x_j - e_i + e_j + \varepsilon_i - \varepsilon_j) - e_i^2/2] - Z\}\end{aligned} \tag{13}$$

この問題を最大化し、一階の条件を整理することにより、インセンティブ両立的なパラメーターセッティングとして次のようなルールが得られる。

$$b_i^{**} = 1 - \frac{E[U_i'(\varepsilon_i - \varepsilon_j)]}{E(U_i')} \tag{14}$$

ここで、分子は次のように示される。

$$E[U_i'(\varepsilon_i - \varepsilon_j)] = (1-r)p(1-p)[U_i'(\varepsilon^L - \varepsilon^H) - U_i'(\varepsilon^H - \varepsilon^L)](\varepsilon^H - \varepsilon^L) \tag{15}$$

ここで、$U_i'(\varepsilon^H - \varepsilon^L)$ は $\varepsilon_i = \varepsilon^H$ と $\varepsilon_j = \varepsilon^L$ のときの限界効用を示している。

(12)式と(15)式を比較すれば、公共財供給コストのランダム変数に関する共分散の項だけが異なっていることがわかる。したがって、この点を考慮すれば次のような命題が得られる。

命題：2つの自治体の公共財供給に関するランダム変数の相関が十分に大きい場合には、隣接自治体の公共財供給コスト情報を利用するヤードスティック契約は公共財供給の費用効率性を改善する。特に、共分散が1の場合にはヤードスティック契約は完全情報下と同じ最適値を達成する。

証明：(15)式において、相関パラメーター r が1に近づけば、共分散項の期待値はゼロに近づく。これは、(14)式の右辺第2項の分子がゼロに近づくことを意味しており、したがって b_i^{**} が1に近づく。前節における考察より、これは完全情報の場合の最適条件に一致する。

個別契約の場合においては、ランダム変数がもたらす政府と個人の間の情報の非対称性により、評価パラメーターが最適値(1)より小さくなっており[10]、これに伴って政府の費用削減努力も最適値より小さくなる。したがって、このようなインセンティブ契約において、政策評価が最適条件を満たさない場合には、政府の努力水準を十分に引き出すことができず、公共財供給コストが高くとどまる理由となってる。

ところが、ヤードスティック評価の手法を取り入れて、隣接自治体の費用情報を「ものさし」として活用することにより、両地域のランダム変数の相関が高く、コスト条件が似かよっている場合には公共財供給コストを削減す

ることができる。特に、ランダム変数が完全に相関している場合（$r=1$）には、評価パラメーターは完全情報における最適な選択のケースと一致することが示される。

ヤードスティック評価のスキームが利用可能な条件として、近隣の自治体における公共財供給の関連コストが利用可能であることが前提条件となる。したがって、地方財政の政策情報に関する情報公開や自治体間の相互利用が行政効率を上げるための前提であり、また有効な手段となりうる。電子政府による情報発信などは、そのための有効なステップとなることが期待される[11]。

3.3 ヤードスティック評価の有効性について

このような分析結果は、現実の政策評価にどのような政策的インプリケーションを持つのであろうか。政策評価におけるパフォーマンス評価と、ここで考察したヤードスティック評価との関係を示したものが次の図である。

第1に、NPMの政策評価との関係では、ここで取り扱っている政策評価のモデルは、先に述べた、政策のための投入要素がもたらす費用削減効果の経済性に焦点を当てており、その意味で、生産物の最大化に関する政策の効率性を捨象して、直接、政策効果の住民満足度（厚生水準）に与える有効性効果を契約により実現するものであるといえよう。したがって、ヤードスティック評価による政策のパフォーマンス評価が、政府のコスト削減に関する行政努力を引き出し、住民の政策に関する満足度を最大化するものと解釈することができよう。

第2に、第1章において述べたNPMの政策成果の目標管理、および評価手法のなかに「ベンチマーキング」という概念があった。これは、自治体が

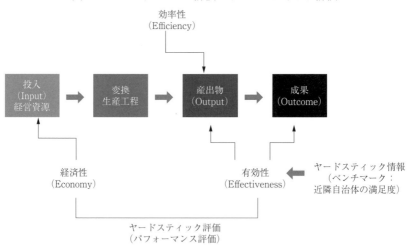

図3-1 パフォーマンス評価とヤードスティック評価

政策目標を設定したり、あるいは政策効果の評価を客観化するために、類似自治体の諸変数を基準として比較するものである[12]。ここで取り扱ったヤードスティック評価は、情報の不完全性という基本的な想定のもとで、住民にとってより身近で、比較的利用可能性が高い近隣自治体の政策情報を自地域の政策評価に活用するというものであり、通常のベンマーク方式をより一般化するものとも解釈することができよう。また、比較する近隣自治体の費用や自然条件が似通ったものであるほど、望ましい評価が実現し、政策達成の効果が得られるという関係性も、類似自治体をベンチマーキングの対象とするという考え方との共通点が見出せるものである。

ところで、このようなヤードスティック評価の有効性は、実証的にも裏付けることができるのであろうか。先に述べたように、ヤードスティック競争の存在に関しては、Besley and Case（1996）はアメリカの地方選挙データを

用いて、地方税の引き下げが知事の再選確率にプラスとして働くことを示し、ヤードスティック競争の存在に関して一定の評価を示している。また、日本においても、Nishigaki, Higashi, Nishimoto, and Yasugi（2013）が都道府県知事の選挙データを用いて、民生費や公的資本形成などに関する支出が現職知事の再選確率と有意な関係にあることが示されている。

他方、Nishigaki, Higashi, Nishimoto, and Yasugi（2014）では、OECD データに基づいて、各国の地方分権比率や政府の情報開示率、電子政府進展指数、1 人当たり公共支出比率、公共財の供給コスト指数などの変数に関して因果性分析を行っている。その結果、OECD 諸国のデータに存在する主要な因子の中に、地方分権比率や情報開示比率、電子政府進展指数とは正の相関係数を持ち、逆に、1 人当たり公共支出比率や公共財供給費用指数とはマイナスの相関を持つものを特定化している。これは、地方分権や政府の情報開示が、公共財の供給コストや 1 人当たり公共支出比率の低下と関連していることを意味しており、ここでの分析結果を一定程度支持する内容となっていると考えられる。

3.4　結論

本章においては、地方政府の高級財供給に関するパフォーマンス評価を、政府間競争との関連において検討し、地方政府のパフォーマンスを改善し住民の厚生水準を高める手法として隣接自治体間の情報を活用するヤードスティック評価を提案した。

住民をプリンシパルとし地方政府をエージェントとする非対称情報のプリンシパル、エージェントモデルにおいて、地方政府の公共財供給に関するパフォーマンス情報をもとに、住民が地方政府に評価（可変報酬）を下すこと

を想定する。分析の結果、近隣地域のパフォーマンス情報を活用したヤードスティック評価に基づくインセンティブ契約が、個々の地方政府のパフォーマンス評価と比較して公共財供給の効率性を高め、地域住民の厚生を改善する。近隣地域間の自然条件や費用構造が似通っている場合には、特に、ヤードスティック情報に基づく評価の有効性が高まることが示された。

付論　インセンティブ契約に関する最適解の導出

1) 個別契約の場合について住民の効用最大化問題を示すと、次のように与えられる。

$$\max L_i = E\{[R_i - (x_i - b_i + \varepsilon_i) - a_i + b_i(x_i - b_i + \varepsilon_i)]^\rho\} \\ - \lambda\{E[a_i - b_i(x_i - b_i + \varepsilon_i) - b_i^2/2] - Z\} \quad (A1)$$

このラグランジ関数を操作変数 (a_i, b_i, λ) について最大化することにより、次のような1階の条件式を得る。

$$\frac{\partial L}{\partial a_i} = E(U_P') + \lambda = 0 \quad (A2)$$

$$\frac{\partial L}{\partial b_i} = E\{[(x_i - b_i + \varepsilon_i) + (1 - b_i)]U_P'\} + \lambda E[-(x_i - b_i + \varepsilon_i)] = 0 \quad (A3)$$

$$\frac{\partial L}{\partial \lambda} = E(U_G) - Z = 0 \quad (A4)$$

これまでと同様に、まず、(A4)式より、エージェントの期待効用がリザーベション効用を満たす条件式、$E(U_G) = Z$ を得る。次に、(A2)式の関係を用いて(A3)式を整理することにより、以下の表現を得る。

第3章 地方公共財の供給、行財政評価とヤードスティック競争　95

$$(1-b_i)E(U'_P)+E[U'_P\cdot\varepsilon_i]=0 \tag{A5}$$

(A5)式を整理することにより、(11)式が得られる。

$$b_i^*=1+\frac{E(U'_P\cdot\varepsilon_i)}{E(U'_P)} \tag{11}$$

ここで、ランダム変数に関する仮定より、$E(\varepsilon_i)=p\varepsilon^H+(1-p)\varepsilon^L=0$ と示すことができる。この関係を利用すれば、$E(U'_i\cdot\varepsilon_i)$ について、次のように示すことができる。

$$\begin{aligned}E(U'_i\cdot\varepsilon_i)&=U'_P(\varepsilon^H)\cdot\varepsilon^H+(1-p)U'_P(\varepsilon^L)\cdot\varepsilon^L\\&=p[p+(1-p)]U'_P(\varepsilon^H)\cdot\varepsilon^H+(1-p)[p+(1-p)]U'_P(\varepsilon^L)\cdot\varepsilon^L\\&=p(1-p)[U'(\varepsilon^H)(\varepsilon^H-\varepsilon^L)-U'(\varepsilon^L)(\varepsilon^H-\varepsilon^L)]\\&=p(1-p)[U'(\varepsilon^H)-U'(\varepsilon^L)](\varepsilon^H-\varepsilon^L)>0\end{aligned} \tag{A6}$$

(A6)式より、直接(12)式を得る。

2) 他方、ヤードスティック契約におけるプリンシパル（住民）の最適化問題は次のように与えられる。

$$\begin{aligned}\max L_i=&E\Big(\{R_i-(x_i-b_i+\varepsilon_i)-a_i+b_i[(x_i-b_i+\varepsilon_i)-(x_j-b_j+\varepsilon_j)]\}^\rho\Big)\\&+\lambda\Big(E\{[a_i-b_i(x_i-b_i+\varepsilon_i-x_j-b_j+\varepsilon_j)-b_i^2/2]\}-Z\Big)\end{aligned} \tag{A7}$$

このラグランジアンを操作変数 (a_i,b_i,λ) について最大化することにより、次のような1階の条件式を得る。

$$\frac{\partial L}{\partial a_i}=-E(U'_P)+\lambda=0 \tag{A8}$$

$$\frac{\partial L}{\partial b_i} = E\{[1-(2b_i-b_j)+(\varepsilon_i-\varepsilon_j)]U'_P\} + \lambda E[(b_i-b_j)+(\varepsilon_i-\varepsilon_j)] = 0 \quad (\text{A}9)$$

$$\frac{\partial L}{\partial \lambda} = E(U_G) - Z = 0 \quad (\text{A}10)$$

これまでと同様の操作により、まず、(A10)式より直接、$E(U'_G)=Z$ を得る。次に、(A8)式の関係を用いて(A9)式を整理することにより、最適な報酬率決定に関する(14)式を得る。

さらに、$E[U'_i(\varepsilon_i-\varepsilon_j)]$ については、ランダム変数に関する仮定(5)式を利用して次のように示される。

$$\begin{aligned}
E[U'_i(\varepsilon_i-\varepsilon_j)] &= p[1-(1-p)(1-r)]U'_i(\varepsilon^H-\varepsilon^H)(\varepsilon^H-\varepsilon^H) \\
&\quad + (1-r)p(1-p)U'_i(\varepsilon^L-\varepsilon^H)(\varepsilon^L-\varepsilon^H) \\
&\quad + (1-r)p(1-p)U'_i(\varepsilon^H-\varepsilon^L)(\varepsilon^H-\varepsilon^L) \\
&\quad + (1-p)[1-p(1-r)]U'_i(\varepsilon^L-\varepsilon^L)(\varepsilon^L-\varepsilon^L) \\
&= (1-r)p(1-p)[U'_i(\varepsilon^H-\varepsilon^L) - U'_i(\varepsilon^L-\varepsilon^H)](\varepsilon^H-\varepsilon^L) \quad (\text{A}11)
\end{aligned}$$

(A11)式より直接(15)式を得る。

注
1) 費用便益分析の詳細については、第1章を参照されたい。
2) 第1章第2図を参照されたい。
3) 業績評価を含む様々な政策評価については、第1章第3節を参照されたい。また、ティブーモデルの競争効果については、西垣他（2014）を参照されたい。
4) ヤードスティックモデルについては、西垣、東（2014）に詳しい説明がある。
5) ここに展開する選挙競争は、このような意味で Nishigaki et al（2016）などにみられるヤードスティック競争モデルとは異なっている。
6) このように仮定することにより、労働経済学などにみられるプリンシパルとエージェントの通常のリスク態度に関する仮定とは異なる。もちろん逆のケー

スについても分析することができる。
7) この方式がもたらす競争効果については、Shleifer（1985）を参照されたい。
8) このように、エージェントの最適化行動は、サブゲーム完全均衡となっている。
9) a_i の設定については、リザーベーションレントの制約式より、$a_i = x_i + Z$ と示される。
10) 住民の効用関数の形状と危険回避の想定から、所得の限界効用は逓減することになる。したがって、(12)式は一般的に正と示すことができる。
11) ヤードスティック競争が要請する情報は、しばしば過大であるという認識が示されている。たとえば、Revelli（2006）などを参照されたい。
12) ベンチマーキングに関するより詳しい説明については、第1章第5節を参照されたい。

参考文献

Besley, T., and Case, A.(1995) "Incumbent Behavior: Vote Seeking, Tax Setting and Yardstick Competition." *American Economic Review,* vol. 85, pp. 25-45.

Baseley, T. and Smart, M.(2007) "Fiscal Restraint and Voter Welfare," *Journal of Public Economics,* vol. 91, pp. 755-773.

Bivand, R. and Szymanski, S.(1997) "Spatial Dependence through Local Yardstick Competition: Theory and Testing," *Economics Letters,* vol. 55, pp. 257-265.

Green, J. and Stokey, N.(1983) "A Comparison of Tournaments and Contracts." *Journal of Political Economy,* vol. 91, pp. 349-364.

Nishigaki, Y. Higashi, Y. Nishimoto, H. and N. Yasugi(2013) "An Empirical Analysis on Yardstick Competition among Local Governments and Implications for for Roles of E-Government in Efficient Provision of Local Public Goods," *Journal of Economics, Business and Management,* vol. 2, pp. 133-138.

Nishigaki, Y., Higashi, Y., and H. Nishimoto(2011) "Voting with Feet, Yardstick Competition and Optimal Provision of Local Public Goods," *Proceedings of Singapore Economic Review conference,* CD-ROM.

Nishigaki, Y., Yasugi, N., Liu C. Y., Wong, M. S., and Nishimoto, H. (2013), "E-Government Evaluation Its Policy Implications on Efficiency of Local Government," T. Wendler eds. *Challenges for Analysis on the Business and Economics,* DCM Verlag.

Nishigaki, Y, Higashi, Y., Wong. M. S., and H. Nishimoto (2012) "A New e-Government Role in Improving Local Government Performance: A Study Based on a Yardstick Competition Model." *International Journal of ebusiness and egovernment Studies,* vol. 4, no. 2.

Nishigaki, Y, Nishimoto, H., Yasugi, N., Higashi, Y., and Wong. M. S.(2016) "Yardstick Competition, Performance Evaluation, and the Efficient Provision of Local Public Goods", *Journal of Advance Management Science,* vol. 4, pp.141-145.

Revelli, F.(2006) "Performance rating and yardstick competition in social service provision", *Journal of Public Economics,* vol. 90, pp. 459-475.

Seabright, P. (1996) "Accountability and Decentralisation in Government: An Incomplete Contracts Model." *European Economic Review,* vol. 40, pp. 61-89.

Shleifer, A.(1985) "A Theory of Yardstick Competition" *Rand Journal of Economics,* vol. 16, pp. 319-327.

Tiebout, C. M.(1956) "A Pure Theory of Local Expenditures." *Journal of Political Economy,* vol. 64, pp. 416-424.

西垣泰幸、東裕三（2014）「第2世代の地方分権理論とヤードスティック競争」西本秀樹編『地方政府の効率性と電子政府』日本経済評論社。

第4章
NPM改革と行政評価：評価手法の問題点と DEA分析の提案

中西将太郎・西垣泰幸

はじめに

　日本の自治体における財政状況は、1990年代以降から現在にかけて悪化の一途を辿っており、未だその危機的状況から抜け出せていない。このような事態に陥った原因の1つとして、地方分権を進めるにあたって、財源や地方財政の自律性の確保が十分でなかったことに問題があったとされている。自治体の抜本的な行財政改革が求められるなかで、日本では公共部門に民間的経営手法を用いる、新公共経営手法が注目を集めることとなった。90年代半ばには、多くの自治体に取り入れられることになったが、そもそもなぜ導入するのかといった議論や、行政運営改善に関する理念の検討が十分でなかった。なかでも、目玉である行政評価の現状は、比較するためのデータの集積が未だに終わっていない点や画一的な分析手法の弊害から、効率的に行われている自治体は非常に少ないのが現状である。そこで第4章と第5章では、現行の政策評価手法の問題点を改善する、実用的な分析手法として包絡分析法（DEA：Data Envelopment Analysis）導入を提案する。

　本章では、まず地方財政悪化の状況を近年のデータを用いて確認し、改善

に向けてどのような課題が残されているかを考える。次に、地方分権の強化という狙いから生まれた政策評価について触れ、現行のシステムの概要とその問題点を明らかにする。その上で、DEA の導入に向けその概要を簡単な例を用いて解説する。ここでは、2 入力 2 出力、病院の要素を用いた DEA により説明を行う。

4.1 地方財政の悪化と地方財政の課題

4.1.1 地方財政の現状

　地方公共団体は、学校教育、福祉・衛生、警察・消防など国民の日々のくらしに不可欠なさまざまな行政サービスを供給している。しかし、多くの地方公共団体において、1990 年代後半に入り財政状況が悪化し、地方財政全体での借入金も増大するなど、現在の地方財政は危機的な状況にある。

　バブル崩壊後の長引く景気停滞の中で、法人 2 税（法人事業税と法人住民税）を中心とする税収の低迷や減税の実施などにより、地方の歳入は落ち込んでいる。その一方で、90 年代に国が積極的に行った、数セクションにわたる公共事業の追加による景気対策に地方公共団体が応じたことなどから、地方の歳出はさらに増加することとなった。これが財政悪化に拍車をかけ、各地方公共団体は、未だ地方債の増発等と積立金の取崩しなどによる財政運営に頼っているのが現状である。歳入（地方債収入含む）から歳出（公債費含む）を差し引き、年度間の財源のやり取りを調整した地方の財政収支（「実質収支」という）は、90 年代に入り、大都市圏の地方公共団体を中心に急速に悪化した。都道府県についてみると、法人 2 税への依存度が高い東京都、神奈川県、愛知県、大阪府の 4 都府県の実質収支が 2 年連続で赤字となり、都道府県全体でも 2 年連続で実質収支が赤字となった。

4.1.2 実質公債負担比率

　図4-1は、日本の実質公債負担比率の2005年から2013年にわたる推移をグラフで表したものである。自治体財政の健全度を測る指標として用いられることが多い「公債負担比率」は、一般財源にしめる公債の元利合計額の割合である。実質公債費比率は、地方債の元利償還金（繰上償還等を除く）や、公営企業債に対する繰出金などの公債費に準ずるものを含めた実質的な公債費相当額から、これに充当された一般財源のうち普通交付税の算定において基準財政需要額に算入されたものを除いたものが、標準財政規模（普通交付税の算定において基準財政需要額に算入された公債費等を除く）に対し、どの程度の割合となっているかをみるものである。

$$公債負担比率 = \frac{公債費相当額(地方債元利償還金＋公営企業債)}{標準財政規模(算定において基準財政需要額に算入された公債費等を除く)}$$

　これは、起債に協議を要する団体と許可を要する団体の判定に用いられる。この比率が18％以上の団体は起債に当たり許可が必要になり、25％以上の団体については、一定の地方債の起債が制限され、35％以上の団体については、その度合いが高まることになる。また、地方公共団体の財政の健全化に関する法律において、健全化判断比率の1つとして位置付けられており、早期健全化基準は25％、財政再生基準は35％とされている。一般的に地方公共団体の借入金や利子の支払いである公債費は、特に弾力性に乏しい経費であることから、その動向に常に注意する必要があると言われている。

　図4-1によれば、市町村の公債負担比率は、2006年以降安定して減少しているが、都道府県のそれは2011年以降から下降しているとはいえ、その変化は市町村と比べるとかなり低い。これには、後述する地方財政の中央に依存する体制が影響していると思われる。前述した90年代後半（1999年）の地

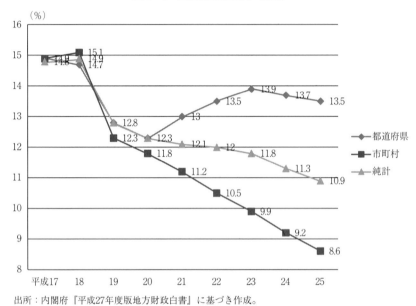

図 4-1 公債費負担比率の推移

出所：内閣府『平成27年度版地方財政白書』に基づき作成。

方自治体における公債費負担比率が20％以上の団体は、都道府県では31.9％、市町村では26.7％に及んだ。

表4-1は、2013年度のデータに基づいた、実質公債費比率が25％以上（つまり早期健全化基準以上）の自治体数を表したものである。実質公債費比率が早期健全化基準以上である団体数は、2013年度で将来負担比率を含めると2団体であり、そのうち財政再生基準以上である団体数は1団体となっている。

表 4-1　平成 25 年度に基づく実質公債費比率の状況

健全化判断比率が早期健全化基準以上である団体数の状況

区　分	団体数	実質公債費比率		将来負担比率		合　計		合計（純計）	
		2013 年	2012 年	2013 年	2012 年	2013 年	2012 年	2013 年	2012 年
都道府県	47	−	−	−	−	−	−	−	−
政令指定都市	20	−	−	−	−	−	−	−	−
市区	793	1(1)	1(1)	1	2	2(1)	3(1)	1(1)	2(1)
町村	928	−	−	−	−	−	−	−	−
合　計	1,788	1(1)	1(1)	1	2	2(1)	3(1)	1(1)	2(1)

注：1　団体数及び各数値は、「平成 25 年度決算に基づく健全化判断比率・資金不足比率の概要（確報）」（2014 年 11 月 28 日総務省公表）による。（以下、133 表から 135 表において同じ。）
　　2　（　）内の数値は、財政再生基準以上である団体数であり、内数である。
　　3　将来負担比率には、財政再生基準はない。
出所：内閣府『平成 27 年度地方財政白書』に基づき作成。

4.1.3　歳入面の課題と財政調整制度

　地方自治体の歳入基盤にも問題がないとはいえない。地方自治の考え方からは、地方公共団体の行政活動に要する経費の財源は、その地域の住民が負担する地方税収入によって調達されることが望ましい。ところが、1990 年の終わりには、人口 1100 万人を超える東京都から人口 200 人余りの東京都青ヶ島村まで、大小合わせておおよそ 3300（当時）の地方公共団体が存在し、その経済力格差も大きい。99 年度において、地方税が歳入の 2 割にも満たない団体が都道府県の約 5 割（23 団体）、市町村の約 6 割（1813 団体）を占めており、地方公共団体の歳入基盤は脆弱であることがわかる。

　その一方で、地方分権が進展する前の 2000 年ごろまでの日本においては、主として地方公共団体が公共サービスを提供し、その一部の実施について国が仕組みや基準を決めることにより、全国的に一定水準の行政サービスを提供してきた。そして、国が国庫支出金（補助金等）を支出し、また地方交付税による財政調整を行い、どの地方公共団体に対しても行政の計画的・安定

的な運営が可能となるように、地方の行政サービスの財源を保障するシステムを採用してきた。このため、歳入基盤の脆弱な地方公共団体でも、他の地方公共団体とほぼ同様の行政サービスを提供することが可能であった。

　国から地方への財政移転は、国庫支出金（補助金等）、地方交付税、地方特例交付金、地方譲与税等の制度を通じて行われるが、このうち、国庫支出金は、特定の事業を実施する際の費用の全額ないし一部を国が補助または負担するもので、行政項目の経費負担区分に基づき配分される。地方交付税は、地方公共団体の財源を保障するため、各地方公共団体について、合理的基準によって算定したあるべき一般財源所要額としての「基準財政需要額」が、同じくあるべき税収入としての「基準財政収入額」を超える額（財源不足額）を基礎として交付される。1990年代の悪化を受けて財政健全化政策の舵を取り始めた2001年度の地方財政計画によれば、これらの国から地方への移転財源の額は、計34.9兆円に達している。これは、地方の歳入全体（89.3兆円）の39.1％という数字である。

　このような、国が地方公共団体の歳出に関与する一方で、地方財政の財源を保障するシステムは、経済力の地域間格差が拡大する中で全国一律の行政サービスの提供を可能にするなど、行政サービス提供において大きな役割を果たしてきた。しかし、この財政移転システムについて、いくつかの問題点が指摘されている。その1つとして、地方公共団体・住民の双方にとって、負担意識を薄める仕組みになっている点である。これは、財政規律が緩みを誘発させる恐れがあり、事実、膨張した地方の財政赤字の責任も不明確になっているという指摘があった。もう1つ挙げられる問題点として、地方公共団体が自らの財政支出・収入のあり方について主体的に判断することや、住民ニーズに柔軟に対応して施策を展開することが行いにくくなりがちな点が挙げられる。こうした問題については、地方の固有の問題だけではなく、大量

の国債を発行して景気対策を行ってきた国にも共通して生じ得ることに留意する必要がある。

4.1.4　行政サービスの画一化と"ソフトな"財政の問題

　住民ニーズに対応しきれない、「フットワークの重い自治体」の理由を財源の側面から1つあげるとすれば、国庫支出金であるといわれている。国庫支出金は、地方税・地方交付税とともに、地方公共団体の主要な財源であり、災害復旧事業や大規模建設事業の促進などに大きな役割を果たしてきた。また、国庫支出金の交付を受けて地方公共団体が実施する公共事業は、地域の経済と生活を安定的に支えつつ、国土の均衡ある発展を促してきた。また、国の側にとっても、国の施策が目指す方向に地方行政を導く上で、国庫支出金は非常に有効な手段として機能してきた。

　ところが、国庫支出金はそもそも国の統一的基準を満たした事業を実施することが求められているため、行政サービスの画一化を促す側面がある。また、そのなかには、数十年も前に導入され、社会経済情勢の変化に伴い、今では時代の要請にそぐわないものや、資金規模が非常に零細で、効果の乏しいものもあると考えられる。そのため、現在の国庫支出金制度は、優先度の低い仕事であっても国庫支出金があることによって、施策の優先度について十分な検討が行われないまま実施されている場合がある。したがって、地方公共団体が地域の智恵や創意を生かして住民のニーズに沿った自主的な行財政運営を進めるにあたっての判断を歪めている面もあると考えられる。

　また、近年の先行研究では（赤井 2004）、中央へ依存した地方政府の危険性を、ソフト・バジェットという観点から指摘している。その研究においては、上記のような危機的な経済状態を招いた原因の1つとして、非効率な（公的）企業・政府の救済に代表される、将来的な社会価値が少ない組織・分野

に資金を投入することを通じて、経済社会の再構築を妨げてきた可能性が高いとしている。バブル以降、公的組織の肥大化・非効率化を招いた根本的なメカニズムを、「ソフトな予算制約」の議論から考察すると、集権的なシステムでは、事後的な裁量による企業救済が行われやすく、ソフトな予算制約が生じやすい。結果的に、非効率な資源配分が発生する可能性が高いと指摘した。

一方で、分権的なシステムでは、競争メカニズムにより、事後的な裁量の余地は狭められる（ソフト・バジェットに対して、これを予算のハード化とする）。その結果、事前の段階での企業のインセンティブは適正化され、資源配分は効率化される可能性があるとまとめている。「ソフトな予算制約」は、公的企業や政府組織の活力を阻害し、移行期の発展途上国や中央集権的な社会システムにとっても大きな障害となる可能性が高いとされている。バブル期以後の肥大化した公的組織を抱える日本の中央集権的なシステムはまさしくこれにあたり、非効率な企業の存続・政府補助による見せかけの成長・社会状況に対応しない経営等を助長する結果となってしまっているのである。

このように、日本の自治体が現在も危機的状況にあることは言を俟たない。財政危機の深刻な地方公共団体では、福祉分野をはじめとした市民向けサービスなども事務事業見直しの対象となっており、財政の健全化が課題となっている。改善案を展開する間にも当然時は流れ、今後も不況による税収の伸び悩みが危惧されている。さらに税収が減少すれば、財政が切迫した状況に陥るが、日本ではその場合、公債費による補填に向く傾向がある。国家でも減少した税収分を財政再建などで立て直すことは難しく、本年度（2015年）にも、消費税率の引き上げが行われたばかりである。

加えて、財政状況が悪化した原因は、税収や地方自治体の歳入構造だけではないという意見もある。むしろ、1990年代の構造的な不況のなかで規模を

問わずに行われた公共投資を中心とした、景気対策の悪影響が自治体にまわってきていることが一因と考えることができる。国家による地方別の課題を無視した画一的な地方創生計画の推進や景気対策に協力をしてしまった、言い換えると「考えなしの公共投資」が裏目に出た影響ともいえるのである。

4.2　NPM（New Public Management）の導入と政策評価

4.2.1　NPMとは何か

こうした状況に対して、日本の地方自治体の財政改革が、従来の「景気の回復を待つまで極力維持する」やり方では対処しきれないことは明らかである。そこで日本では、同じく1990年代半ば辺りから、公共部門に民間的経営手法を導入するNPM（New Public Management）が注目された。新しい「行政経営（パブリック・マネジメント）」への転換を目的とし、行政評価や企業会計的手法などが全国の自治体に次々と取り入れられることになった。NPMの概念を最初に導入した1人である、ロンドン大学経済政治大学院教授Hoodは、その構成要素として「公共部門における専門家による実践的管理」「業績能力に関する基準と指標の明示」「成果統制の強調」「公共部門における組織単位の分散化・公共部門における競争促進」等をあげた。これらの構成要素のなかでは、日本においてNPMとして導入されている手法の多くは、「業績能力に関する基準と指標の明示」が中心であるといわれている。これは、地方自治体自らが政策の効果等に関して測定又は分析し、一定の尺度に照らして客観的な判断を行うことにより、政策の企画立案やそれに基づく実施を的確に行うことに繋がる。「企画（Plan）」「実施（Do）」「評価（Check）」、そして「改善（Act）」を主要な要素とする政策の大きなマネジメント・サイクル（PDCAサイクル、図4-2）を確立することにより、適切なコストで適切な政

図 4 - 2　PDCAサイクルの概要

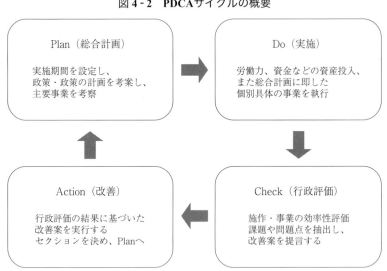

策の実施を狙うのが目的である。

NPM のポイントとしては、以下が挙げられる。

・生産性の向上

　　より少ない税収で、より多くの行政サービスを提供する。生産性の効率化。言い換えると、国民がより少ない負担で、より多く（あるいは質の高い）サービスを受けることができる形を目指す。

・市場原理の導入

　　公営企業の民営化、民間委託など。現在でも市役所事務員の契約社員雇用や PFI（Private Finance Initiative）などが活発に行われている。

・サービス志向

顧客志向でサービスの質を重視する。
・集中の排除、または分散化
　　地方分権など公的部門の異なるレベル間での権限・財源の移譲や、ひとつのシステム内での決定権の分散化など。
・アカウンタビリティの獲得
　　政策の意図・達成率、その事業によりどのような成果（アウトカム）が得られたかを住民に対して明らかにする。説明責任。
　　　　（白川一郎（2002）『NPMの導入による地方自治体の改革に向けて』より）

　これらの理念による行政経営を達成するために、行政評価をはじめ、発生主義による公会計改革、前述したPFIなど、さまざまな手法が導入され実践されている。

4.2.2　NPM導入と行財政改革の成果

　しかし、NPMの導入によって直に自治体の行政や財政が改善されたかというと、そうではなかった。自治体の現場では、これらの手法の早期の導入が優先されたことで、そもそもどういう目的でそういった手法が導入されたのか、職員全体の目的意識が漠然としたまま行われてしまい、「導入すること」自体が目的化してしまったことで効果を得られていないという声がある。NIRA（総合研究開発機構）が2002年に行った全国の市および東京23区を対象にしたアンケートでは、行政評価の導入目的が「行政運営の効率化」にあったとする回答が53.9%と最も多いが、その効果の具体的内容は「職員の意識改革」とする回答が35.3%と最も多い。こうした結果から、NPMの手法の導入によって「何を改革しようとしているのか」という自治体における明確な目的意識と現場とのズレが窺える（NIRA 2002）。

また、行政評価のような経営改革の仕組みを導入するプロジェクトであるのにもかかわらず、通常の事業を実施する時と同じような扱いがされていることも問題に上がった。つまり、導入する期間（2～3年）が済めば事業としては完了扱いになることを意味しており、しかしながら、こうした手法は、本来構築した仕組みを運用することを前提に導入するものであるので、導入時よりも運用段階に十分な体制を整え、フォローしていくことが大事である。残念ながらそのような取り組み方をしている自治体は極めて少ない。いったん完了扱いとなると、フォローするための予算や人員配置がほとんどなくなるため、運用上の問題が発生しても対応が十分できず、導入半ばで頓挫している自治体が増えてきている。

　導入後に運用状況や効果を検証し改善していくというプロセスが取られていないことも問題視すべきである。2015年現在の京都府では、NPM的手法を導入して10年間蓄積したデータが利用可能になり、ようやく効率的なPDCAサイクルの構築に着手できたとしている。すべての自治体がそのような手法を取っているとはいえず、そういった自治体には民間企業のように改革・改善の実績・ノウハウがほとんど蓄積されていないため、職員への浸透に予想以上の時間と労力がかかる。また、そのような環境において導入するため、運用に適した状態に改良や工夫を加えていくにはさらに多くの経験やデータが必要と考えている。また、導入後に定着状況などを検証する機会がないため、問題を抱えていてもそのまま放置されているのが実態である。最近では、事務事業評価が上手く運用できないので、事業仕分け手法に乗り換えるというような自治体も出てきているが、運用が適切に行われなければどのような手法でも効果は期待できないだろう。

　以上をまとめると、NPM的手法の導入における問題点は、①導入プロセスにおける問題、②目的・成果志向が組織全体に浸透していないことが挙げ

られるのである。

4.3 行政評価の目的とその問題点

　NPM的行政手法はさまざまなものがあるが、こうしたNPM導入状況の問題点を解決しつつ、これを実施していく鍵となる制度・活動が行政評価だと考えられている。行政評価は、各府省が自らその政策の効果を把握、分析し、評価を行うことにより次の企画立案や実施に役立てるものである。その実施により効率的で質の高い行政、成果重視の行政、国民に対する行政の説明責任の徹底を実現することを目指している。日本において、前述したNPMの理念の核心となる概念が、業績（パフォーマンス）である。この業績による統制（マネジメント）を実行する仕組みが行政評価であるが、これが正確に行われることで、職員は勿論、サービスを享受する側である住民もNPMの意味を目的から理解することができる。これは理念の一つである「アカウンタビリティの遂行」も同時に満たすことになる。行政評価にもさまざまな種類があるが、現在日本の地方自治体が行っているもののうち、以下の4種が主流な手法である。

　　・事務事業評価システム
　　・政策・施策レベルの評価システム
　　・総合計画の進行管理システム
　　・ベンチマーク指標によるベンチマーキング・システム
　　　　（白川一郎（2002）『NPMの導入による地方自治体の改革に向けて』より）

　事務事業評価システムは、自治体における事務・事業が効率的に行われた

か、上位施策の目標達成にどれだけ貢献したかを検証する行政評価システムである。基本的には、事業評価・実績評価は事務事業評価表による相対的評価方法が用いられている。前期（前年度）の実績を計上し、その結果からベンチマークを設定し、今期どれだけ達成されたかで評価する。主流とされている上記の4つは、分類こそすれ、本質的にはこの実施方法で繋がっている。

　一方で、NPM 導入の一環として、「地域経営」という言葉も重要になりつつある。この言葉の定義にはさまざまなものがあるが、定説によると、地域経営とは「地域の資源（人、自然、ノウハウ、土地、資本等）を活用して、さまざまな地域経営主体による、地域生活者に満足を与えるための、協同による諸活動の実施と、これらを主体的にかつ経営していくこと」と定義している。地域経営という言葉の定義が示す範囲は、自治体の経営はもとより、住民・企業の各主体を含めた総合的な取り組みを指した地域の経営である。

　この地域経営に関する既存研究の重要な貢献として、NIRA は、都市自治体総合行政評価システムのなかで、NIRA 型ベンチマーク・モデルと呼ばれる行政評価のモデルを提案している（総合研究開発機構 2014）。これは自治体経営のパフォーマンスを都市間比較することにより、ベストプラクティスを発見しようとする方法である。従来の行政評価システムに比較分析を取り入れようとする試みが覗える。NPM は民間企業の理念や手法を行政運営に適用させ、行政の効率性を高めようとする理念であるが、その主対象を「自治体」としている。また、これらの既存研究においては地域の効率性を分析する場合、生産関数などによる分析が主に用いられている。

　地域経営の考え方を踏まえると、これらの行政評価システムには、問題点が残されている。第1に、この手法では、同じ自治体での縦の評価（前期→今期→来期）は出来ても、横の評価（A 市と B 市の比較、都道府県間の比較など）を行うことはできない。地域によって地方サービスのニーズの違いが

あり、それに合わせる行政も多種多様になるので、単純な収入と支出を要素とする分析では独自の政策の特殊性や効率性を見落としてしまうからである。類似都市・市間で基準をみるベンチマーク手法も存在するが、人口など基本的条件が同じでも、経済状況や面積、地理条件などが異なるため、全く同じ条件としての比較分析は難しい。

第2に、評価結果を一般の市民に公表する場合、市民へ知識や理解が及ばず、政策評価が内部の職員のみ影響を与える閉鎖的な取り組みになってしまう問題点もある。事務事業評価を公表するという事は、国民、市民に対する行政組織としてのアカウンタビリティを自ら果たすために行うものであり、対象とされる国民、市民に理解されるものでなくては意味をなさない。組織内部で管理するために作成された事務事業評価は詳細に規準となる指標を用いて行われるべきではあるが、公表する際には、アカウンタビリティの観点から一覧性、或いは明瞭性を重視し、ある程度要約された理解しやすい内容であることが望ましい。

第3に、上述した「地域経営」の定義を踏まえた場合、これからの地域経営を研究するにあたって、単に自治体の経営という狭い範囲ではなく、自治体・住民・企業などの各主体を総合的に含んだ地域経営を考える必要がある。

4.4 DEA分析の導入

従来の費用効果分析を用いた行政評価においては、前述した問題点により効果的な評価を行うことが出来ないことがわかった。そもそも、ほとんどの自治体における公共事業の採択基準は、「事業に伴う便益がその費用を上回ること」とされており、つまり事前評価を重視して実施してきた。しかし、先行研究によると、費用と便益との関係である定量的評価が、必ずしも学術

的に裏付けられた手法で実施されてきたとは言い難い状況であった。90年代半ばからの行政評価、とりわけ公共事業評価の重要性が高まり始め、その結果、費用の測定については事業費縮減を図ること、ライフサイクルコストにおいて費用を捉える旨が取り組みとして定められた。便益については、学術的に裏付けられた計測手法が用いられた。たとえば、消費者余剰法、TCM（Travel Cost Method）、HA（Hedonic Approach）、CVM（Contingent Valuation Method）、代替法などがある。しかし、これらの評価手法は個々の事業の利益／費用でしかなく、他の類似事業や事業主体間の比較分析は行われていない。

そこで、ここではDEA分析に着目する。費用効果分析では、さまざまな種類の社会的便益や社会的費用を体現した個々の指標にウェイト設定を行ったうえで、単位を揃えた単一的な費用便益指標を算定する必要性がある。このウェイト設定においての恣意性をいかに排除するかが問題になっており、これは研究の集積や分析を行う研究者の知識と経験に基づいて行う以上に手段がない。DEAではこの恣意性を排除し、併せて効率的な改善案も提示する手法として、主に公共事業の評価分析において注目を集めている。

4.4.1　DEA分析の概要

米国で公立学校の教育プログラムを評価するために開発された包絡分析法は、効率性を分析する方法の1つであり、民間企業だけでなく、効率性を評価することが難しい非営利公企業（学校、図書館、公立病院等）など幅広い分野で利用されている。前述した通り、効率性を評価する方法として、収益率や資本利益率などの比率をとる方法や、費用便益分析などすべての効果を金額で表して算出する方法が考えられる。いわゆるBenefit／Costで表す分析方法である。収益率や資本利益率は、それぞれの項目で評価対象を比較

する場合は効率的に表すことができるが、複数の項目を総合的に判断する比較分析を行う場合はそれが困難になる。費用便益分析はすべての項目を貨幣という同一の尺度で計測しているため、複数項目の相対比較が容易であるが、効果を金額に換算する方法が問題となる。

これに対してDEAは、複数の項目を一度に扱うことができる上に、単位が異なっていても取り扱うことができる。加えて、それぞれの対象ごとに効率性指標値の計測が最も有利になるようウェイトを設定し評価したうえで相対比較を行うという特徴がある。これにより、模範的な対象だけでなく、個性的な対象も評価することができる。さらに、DEAは定量的に項目を扱うため、相対的な順位だけではなく、具体的な改善値も把握することができる。これらの特徴をまとめると、①複数項目の総合評価、②特徴的な政策の評価、③改善値の定量的な把握の3点が重要となる。

まず①について、DEAは複数の項目を1つの仮想的入力と仮想的出力にまとめて、それぞれの効率値を求めることで、相対的な総合判断を可能にしている。

たとえば、従来の分析方法を使ってある病院の効率性を評価する場合、従業員（医者）1人当たりの収益や平均患者数などを評価項目として考えると、その値が大きいほど効率的であると考えることができる。しかし、従業員1人当たり収益が高い病院と平均入院日数に対しての平均患者数が多い病院のどちらがより効率的であるかを知りたい場合、どちらにウェイトを置いて評価するべきか判断が難しい。さらに項目が増えれば増えるほど客観的に判断することが難しくなる。また項目も収益や患者数と単位や桁の違う数字を取り扱うため、評価の判断が困難である。

②において、項目を評価する場合、データの平均よりも優れているかどうかを考える回帰分析が利用されることが多い。導き出された回帰式がすべて

図 4-3 DEA分析の概要

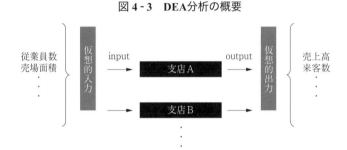

効率値＝仮想的出力／仮想的入力

入力、出力の複数項目を仮想的入力・出力にまとめる
⇒項目間の比較の効率化

出所：小川・棚橋（2007）に基づき作成。

の病院に当てはまると仮定しているため、回帰式から外れている病院は、評価が低くなってしまう可能性がある。しかしながら、回帰式から外れている病院は、特徴的な病院として活躍していることも多く、それを考慮に入れた評価を行うことも意味があると考えられる。DEAでは、各評価項目のウェイトを病院ごとに最も有利になるように設定し、そのウェイトで他の病院との相対評価を算出するため、どの病院にとっても公平な判断となる。たとえば、病院Aが従業員1人当たりの収益は少なく、平均入院日数当たりの患者数数が多い場合は、患者数により大きなウェイトが設定され、そのウェイトで他の病院を評価する。このように、個性的で多様性を活かした考え方のDEAを取り入れることで、新しい事実を見分けることができる。

③について、DEA分析においては、たとえば病院Aが最も有利になるようウェイトを設定し分析を行った場合、病院Aよりも効率的な病院が存在した場合、その値が算出される。そして、そのウェイトで最も効率的な指標

値で表される病院が、病院 A にとっての目標値となる。つまり相対的な順位を表すことができるだけでなく、病院 A にとっての目標になる支店が明らかになることで、各項目の具体的な改善値を把握することができる。

　この DEA を用いた先行研究はさまざまあり、地域研究の分野においても応用されつつある。ある先行研究（宮良いづみ・福重元嗣 2002）では、DEA を用いて日本の 9 つの政令指定都市の各区の図書館（事業体数は100）の効率性を評価している。特徴として、規模に関する収穫一定を仮定した CCR（Charnes-Cooper-Rhodes）モデル、および規模に関する収穫可変を仮定した BCC（Banker-Charnes-Cooper）モデルの双方のモデルによる分析結果を比較して考察を行っている。この際、最も効率的な評価であることを意味する効率値 1.000 となる事業体（Decision Making Unit：DMU）数は、CCR モデルでは 23 であるのに対し、BCC モデルでは 43 とほぼ倍になることを指摘している。

　一方で別の研究（岸邦宏・山平秀典・佐藤馨一 2001）においては、DEA を用いて中国における工業企業の効率性を評価している。その特徴として、規模に関する収穫一定を仮定した CCR モデル、収穫可変を仮定した BCC モデル、収穫逓減を仮定した DRS（Decreasing Returns to Scale）モデル、収穫逓増を仮定した IRS（IncreasingReturns to Scale）モデル、さらにこれらを一般化した GRS（General Returns to Scale）モデルの特徴を整理し、モデルに対する制約条件の特徴から、効率値が 1.000 と最もなり易い手法は BCC モデルであり、最もなりにくい手法は CCR モデルであることを指摘している。また、実際の分析結果からも、CCR ＜ DRS ＜ GRS ＜ IRS ＜ BCC の順で効率性の平均値が上昇していることを実証している。

　DEA を用いた地下鉄の経営・利用効率性を評価した研究もおこなわれている。（岸邦宏・山平秀典・佐藤馨一 2001）その特徴として、DEA の時系列

分析手法であるウインドー分析法を活用している。しかし、入力項目が2入力（人件費・営業経費）、出力項目が1項目（運輸収入）のみであることから、多入力・多出力分析を可能とするDEAの特徴を発揮しきれていないことが残された課題である。また、DEAを用いて都道府県のQOL（Quality of Life）を評価も行われている。特徴として、効率値が1.000となるDMUが多数出現してしまう問題点を解決するためのDEAの先端研究分野を解説した上で、DEA/Xモデル（効率値上限＞1.000）を用いて、各都道府県のQOL評価を行っている。

4.4.2 DEA分析の考え方

ここでは、上に示した病院の例を用いて、単純な計算によるDEA分析の考え方を表す。

図4-4は、入力項目に医師数を、出力項目に患者数を用いた、1入力1出力のDEA分析を表している。DEAでは出力／入力により効率値を計算するため、この場合は患者数／医師数で表される「医師1人当たり患者数」が効率性を表す指標値となる。図では、最も指標値の高い（効率的である）病院Eと、1番目に高い病院Gを直線で結んでいる。この直線を効率的フロンティアと呼び、この直線を境界として、右側のエリアを生産可能集合（領域）と呼ぶ。生産可能集合に残りすべての病院が存在することになり、効率的フロンティア直線に近づくよう入出力を調整することにより、効率性を改善することができる。

図4-5は同じく病院を例にしたモデルである。一般的には入力と出力の項目は多数考えられ、多入力、多出力となった場合の相対比較は多次元になるため図示できなくなり、より複雑になってしまう。ここでは2入力2出力のDEA分析を考える。入力として「医師数」「平均入院日数」出力として「一

図4-4 病院を例にしたDEA分析（1入力1出力）

(例)医師数と患者数

病院	A	B	C	D	E	F	G
医師数	17	58	72	19	11	54	8
患者数	266	661	1695	514	543	1447	390
医師一人当たり患者数	15.6	11.4	23.5	27.1	49.4	26.8	48.8

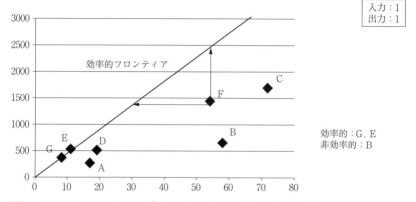

出所：Wade D. Cook and Joe Zhu『データ包絡分析法 DEA』に基づき作成。

日平均患者数」「医業収益」を用いている。ここでは、出力／入力という比較尺度を求めるために、入力と出力をそれぞれ1つの仮想的入力と仮想的出力に換算する。この時、各項目にウェイトを掛けて、

　仮想的入力 ＝ 医師数 × ウェイト a ＋平均入院日数 × ウェイト b

　仮想的出力 ＝1日平均患者数 × ウェイト c ＋ 医業収益 × ウェイト d

と表した上で、仮想的出力／仮想的入力によって効率性を比較する。

　一般的にウェイトは固定ウェイトと可変ウェイトの2種類が考えられる。固定ウェイトは各ウェイトの比率を固定し、可変ウェイトは病院ごとに異なるウェイトを設定することである。DEAは病院ごとに最も有利となる評価

図4-5 病院を例にしたDEA分析（2入力2出力）

(例)医師数、平均日数、患者数、医業収益

	病院	A	B	C	D	E	F	G
入力	医師数	17	58	72	19	11	54	8
	平均入院日数	15.6	29.1	15.8	20.4	19.2	13.1	24.9
出力	1日平均患者数	266	661	1695	514	543	1447	390
	医業収益(10億円)	2.3	6.6	9.79	288	2.21	11.05	1.82

入力：2
出力：2

●ウェイトの変更
入力＝ウェイトa＊医師数＋ウェイトb＊入院日数
出力＝ウェイトc＊患者数＋ウェイトd＊医業収益

ウェイト変更時の入力と出力

病院Gに最も 有利なウェイト	病院	A	B	C	D	E	F	G
	入力	1.83	6.06	7.35	2.07	1.26	5.53	1
	出力	1.13	2.77	5.14	1.44	1.26	5.53	1
	出力／入力	0.62	0.46	0.7	0.69	1	1	1
病院Dに最も 有利なウェイト	病院	A	B	C	D	E	F	G
	入力	0.66	2.93	3.56	1	0.61	2.67	0.45
	出力	0.55	1.34	2.45	0.69	0.61	2.67	0.45
	出力／入力	0.52	0.45	0.7	0.69	1	1	1

出所：Wade D. Cook and Joe Zhu『データ包絡分析法 DEA』に基づき作成。

基準を用いることが特徴であるため、可変ウェイトにより評価することになる。

　固定ウェイトの場合は、すべての病院を同じウェイトで評価するため、ウェイトをどのように設定するかが問題となる。一般的には、回帰分析などによってウェイトを設定するため、平均的な病院ほど評価が高くなってしまい、特徴的な病院はいくら優れていたとしても低い評価になってしまう。そこで、さまざまな特徴を持つ病院を評価する場合、可変ウェイトを用いたDEAで評価することで、違う見方ができる。

　可変ウェイトを決める基本的な考え方は、入力項目のウェイトと出力項目

のウェイトが病院ごとに異なってもよく、その病院にとって最も有利になるようにウェイトを決めるということである。自分の最も得意とする項目に大きいウェイトを付け、苦手とする項目に小さいウェイトを付けることもできる。ただし、同じウェイトで他の病院も評価し、仮想的入力と仮想的出力を計算して相対評価することになる。このような方法でウェイトを決めた場合、入出力項目の選定をきちんと行っていれば、どの病院にとっても公平に判断されることになる。固定ウェイトの場合は、ウェイトのとり方によって結果が異なるため、その決め方が重要となるが、評価項目が多くなればなるほど適切なウェイトを求めることは難しくなる。一方 DEA では、データからそれぞれの病院にとって最も効率値が高くなるようなウェイトの値が算出されるため、事前にウェイトを決めておく必要が無い。具体的には、線形計画法という手法を用い、病院ごとに最も効率値が高くなるウェイトを計算し、そのウェイトで他のウェイトの効率値を算出するという作業を繰り返し、効率値を決定する。このように、ウェトは機械的に決定されるのである。

4.4.3 CCR モデル

次に、CCR モデルを説明する。前述した通り、DEA 分析にはさまざまなモデルが存在している。CCR モデルは DEA 分析の中で最も扱いやすく広く用いられており、規模に関する収穫一定の仮定に立っている。このことが CCR モデルの制約であり、この仮定が必ずしも成立しない問題が存在することが指摘されている。一方、この仮定に関連したさまざまなモデルが存在し、特に BCC モデルは規模に関する収穫可変の仮定が可能なモデルであり、CCR モデルの問題を緩和させることが可能な方法として注目される。

しかし、既存研究等で指摘されているとおり、BCC モデルはそのモデル特性から効率値が 1.000 となる DMU が多数出現する問題があり、実用局面へ

の応用に関する問題点（効率値が1.000となるDMUが多数出現した場合、評価結果の解釈自体が困難となる）もある。また、DEAの一般的限界として、規模に関して収穫一定か否かに関する統計的検定は行えない。以上を考慮し、この研究においては、最も一般的なCCRモデルを用いることとする。

DEAでは分析対象（例では病院）を一般にDMU (Decision Making Unit) という。ここで、n 個のDMUがあると仮定し、対象とする代表的DMUを DMU_o とする。また、m 個の投入項目と s 個の産出項目があるとき、DMU_o の投入（入力）データを $x_{1o}, x_{2o}, \cdots x_{mo}$、産出（出力）データを $y_{1o}, y_{2o}, \cdots y_{so}$ とする。入力につけるウェイトを v_i ($i=1,\cdots,m$)、出力につけるウェイトを u_r ($r=1,\cdots,s$) として、その値を次の分数計画問題を解くことによって定める。

$\langle FP_o \rangle$ 目的関数
$$\max \theta \frac{u_1 y_{1o} + \cdots + u_s y_{so}}{v_1 x_{1o} + \cdots + v_m x_{mo}} \quad (2.1)$$

制約式
$$\frac{u_1 y_{1j} + \cdots + u_s y_{sj}}{v_1 x_{1j} + \cdots + v_m x_{mj}} \leq 1 \quad (j=1,\cdots n) \quad (2.2)$$

$$v_1, v_2, \cdots, v_m \geq 0 \quad (2.3)$$

$$u_1, u_2, \cdots, u_s \geq 0 \quad (2.4)$$

分数計画問題では最適解を求めることが困難である。よって上記の計算式を、線形計画問題に置き換えて考えることとする。

$\langle LP_o \rangle$ 目的関数
$$\max \theta = u_1 y_{1o} + \cdots + u_s y_{so} \quad (2.5)$$

制約式
$$v_1 x_{1o} + \cdots + v_m x_{mo} = 1 \quad (2.6)$$

$$u_1 y_{1j} + \cdots + u_{sj} y_{sj} \leq v_1 x_{1j} + \cdots + v_m x_{mj} \quad (2.7)$$

$$j = 1, \cdots, n$$

$$v_1, v_2, \cdots, v_m \geq 0 \quad (2.8)$$

$$u_1, u_2, \cdots, u_s \geq 0 \quad (2.9)$$

〈LP_0〉の最適解を(v^*, u^*)とし、目的関数値をθ^*とする。このとき、$\theta^*=1$ならばDMU_0は効率的であるといい、$\theta^*<1$ならばDMU_0は非効率的であるという。ここで、〈LP_0〉の最適解として得られた(v^*, u^*)の値は、DMU_0に対する最適ウェイトを意味する。また、比率尺度の値は、

$$\theta^* = \frac{\sum_{r=1}^{s} u_r^* y_{rj}}{\sum_{i=1}^{m} v_i^* x_{Ij}} \tag{2.10}$$

である。(2.6)式より上式の分母は1である。すなわち、

$$\theta^* = \sum_{r=1}^{s} u_r^* y_{rj} \tag{2.11}$$

である。この(v^*, u^*)はDMU_0にとって比率尺度を最大化するという目的のために、最も好意的なウェイト付けの値である。v_i^*は入力項目に対する最適ウェイトであり、その大小によってそのDMUのどの入力項目が高く評価されているかがわかり、またu_r^*は出力項目に対する最適ウェイトであり、その大小によってどの出力項目が高く評価されているかがわかる。さらに、$v_i^* x_{ij}$の個々の値をみれば、仮想的入力

$$\sum_{i=1}^{m} v_i^* x_{ij} (=1) \tag{2.12}$$

のなかで、どの入力項目がどのくらいの比重を占めるかがわかる。同様のことが$u_r^* y_{r0}$の個々の値についても言える。これらの値は個々のDMUにとって、どの入出力項目に特徴があるかを示すものである。

参考文献
青森県（2001）『政策マーケティングシステム構築報告書』。
衣笠達夫（2005）『公益事業の生産性分析』中央経済社。
伊多波良雄（1999）『これからの政策評価システム―評価手法の理論と実際―』中央経済社。

稲垣正人 (2005)「日本の行政府による NPM 改革コンセプトの吸収過程とその課題」GRIPS 開発フォーラム勉強会第三回 PFM セミナー。

小川光・棚橋幸治 (2007)「新公共経営手法 (NPM) の導入効果：データ包絡分析」『会計検査研究』第 36 号、p. 77-91。

小野達也 (2002)『NPM 導入による地方自治体の改革に向けて』富士通総研 No. 140。

小野達也 (202)「地方自治体の行政評価システムの課題と展望」『日本評価研究 2 (1)』p. 29-37。

総合研究開発機構 (NIRA) (2002)「ニュー・パブリック・マネジメント導入による自治体経営改革」NIRA 政策研究 2002 年、Vol. 15、No. 6。

総合研究開発機構 (NIRA) (2005)「NIRA 型ベンチマーク・モデルを活用した政策評価システム及び行政改善への提案に関する研究」。

通産省政策評価研究会編 (1999)『政策評価の現状と課題―新たな行政システムを目指して―』。

廣津信義・上田徹 (2009)「DEA を用いたプロ野球の投手の評価」『オペレーションズ・リサーチ経営の科学』54。

山谷清志 (1997)『政策評価の理論とその展開―政府のアカウンタビリティ―』晃洋書房。

山田治徳 (2000)『政策評価の技法』日本評論社。

森田浩訳 (2014)『データ包絡分析法 DEA』静岡学術出版 (Wade D. Cook・Joe Zhu, Data Envelope Analysis-Balanced Benchmarking, CreateSpace Independent Publishing Platform, 2013)。

第5章
DEA を用いた 47 都道府県の効率性分析

中西将太郎・西垣泰幸

5.1　47 都道府県での実証分析

　本章においては、第4章で紹介した DEA（Data Envelopment Analysis）分析（包括分析法）を用いて、日本の都道府県レベルのデータを用いて地域経営の効率性を評価していきたい。前述した既存研究等の分析の対象範囲に加えて、近年注目されている「地域経営」の考え方を政策、行政評価に取り入れることが本章の研究の特長である。その際、自治体の業務や収入を入出力項目に当てはめるだけでは説明が不十分になる恐れがある。というのも、地域経営とは自治体をはじめ住民、企業の各主体の活動を含めた地方生産活動を考えるものであり、公共部門の活動変数だけでは不十分だからである。

　しかしながら、これまでの研究には、地域経営の各主体を考慮した効率性分析は少ない。また入出力項目について、単純な比較と理解がしやすい歳入・歳出を用いた分析は、筆者達が知る限り存在しない。したがって本研究では、上記の要素を踏まえた都道府県の地域経営における効率性分析を行う。そこで、まずは2入力2出力問題として、47 都道府県の要素を用いて、シビルミニマムの考え方に沿って地方政策が行われているかを検証した。

シビルミニマムとは、都市化社会・都市型社会において、市民が生活していくのに最低限必要な生活基準のことである。これに基づき、市民と自治体の協働で、社会資本整備、まちづくり、社会保障等の基準を定めるべきとされる。地方自治体は、①労働力を用いて、②公的資本の投入を行うことで、その政策を行う。比較分析を行い、それらの投入要素が効率的であるかどうか（シビルミニマムが達成されているかどうか）を見るためには、③どの程度の住民がそれを享受しているか、また④広域に行きわたっているかを考える必要がある。これらの要素を①＝公務員数、②＝歳出、③＝世帯数、④＝面積とし、入力要素に公務員数と歳出、出力要素に世帯数と面積をそれぞれ用いた。

入力要素	出力要素
①　公務員数 （行政の労働力）	③　世帯数 （享受する住民）
②　歳出 （公的資本の投入）	④　面積 （サービスが行きわたる範囲）

表5-1は、実際にこれらの要素を用いてDEA分析を行った結果である。なお、本研究では最も有利にウェイトを設定する目的DMUとして京都府を選択している。京都府に最も有利にウェイトを設定し、比較分析を行った結果、その効率性指標値は1にはならなかった。つまり、最も京都府を高く評価できるよう分析を行っても、他の都道府県に同じ条件下でより効率的にシビルミニマムの基準を達成している自治体が存在することとなる。表5-1をみると、北海道と神奈川県の効率性指標値がそれぞれ1になっていることがわかる。つまりこの分析においては、京都府は北海道と神奈川県を目標DMUとして、定量的な改善値を得た結果になる。

しかし、この入出力要素を用いたDEA分析は、かなり実用性の薄い結果

第5章 DEAを用いた47都道府県の効率性分析　127

表 5-1　47 都道府県の DEA 分析（2 入力 2 出力）

2015 年度決算カードより

DMU	入力		出力		TI	TO	効率性指標値
	公務員数	歳出（千円）	世帯数	面積（km²）			
北海道	71,654	2,467,472,124	2,424,317	88,457	2.521343877	2.521343877	1
青森県	18,581	718,977,371	513,385	9,645	0.6538238	0.439126	0.671627432
岩手県	19,123	1,057,099,420	483,934	15,279	0.672895567	0.478487306	0.711087024
宮城県	27,536	1,531,353,309	901,862	6,862	0.968930206	0.666232326	0.687595785
秋田県	14,864	634,073,559	390,136	11,636	0.52303089	0.378634221	0.723923249
山形県	16,452	589,476,421	388,608	6,652	0.578909056	0.325628455	0.562486373
福島県	26,927	1,794,222,271	720,794	13,783	0.94750086	0.619052612	0.653353087
茨城県	32,440	1,080,575,842	1,088,411	6,096	1.14149099	0.781241301	0.684404265
栃木県	23,447	746,097,644	745,604	6,408	0.825047449	0.558467345	0.676891185
群馬県	23,465	745,086,442	755,756	6,362	0.825680828	0.564681125	0.683897585
埼玉県	60,226	1,633,446,137	2,841,595	3,768	2.119218137	1.912911316	0.902649559
千葉県	58,794	1,614,456,250	2,515,904	5,082	2.068829262	1.711876667	0.827461549
東京都	147,088	6,202,238,222	6,393,768	2,104	5.175697494	4.237668438	0.818762774
神奈川県	72,755	1,890,247,490	3,844,525	2,416	2.560085603	2.560085603	1
新潟県	30,237	1,131,568,263	839,039	10,364	1.063972351	0.661346629	0.621582533
富山県	14,437	525,683,489	383,439	2,046	0.508005716	0.274165693	0.539690173
石川県	14,661	557,863,218	441,170	4,186	0.515887774	0.334557215	0.648507741
福井県	12,447	461,595,202	275,599	4,190	0.43798207	0.225430061	0.514701575
山梨県	13,087	485,845,109	327,721	4,201	0.460502237	0.259911354	0.564408451
長野県	26,635	830,086,530	794,461	13,105	0.937226033	0.660551189	0.704793897
岐阜県	24,115	766,227,144	737,151	9,768	0.848552874	0.5879489	0.692884224
静岡県	37,439	1,132,899,465	1,399,140	7,255	1.317394611	0.998211702	0.757716552
愛知県	69,431	2,157,669,776	2,933,802	5,116	2.443121483	1.987771547	0.813619609
三重県	22,259	674,857,987	704,607	5,762	0.783244388	0.524696315	0.669901149
滋賀県	17,162	502,176,188	517,748	3,767	0.603892366	0.380677312	0.630372783
京都府	28,419	927,200,831	1,122,057	4,613	1.000001	0.787953518	0.78795273
大阪府	82,107	2,780,485,594	3,832,386	1,901	2.889161551	2.546708763	0.881469837
兵庫県	54,654	2,067,405,244	2,255,318	1,901	1.923151928	1.506872335	0.783543054
奈良県	15,346	471,139,788	523,523	3,691	0.539991391	0.383692135	0.710552318
和歌山県	15,023	583,271,307	393,553	4,726	0.528625744	0.308794891	0.584146523
鳥取県	10,384	341,992,427	211,964	3,507	0.365389718	0.176346692	0.482626311
島根県	12,703	523,609,799	262,219	6,708	0.446990137	0.242878387	0.543364086
岡山県	22,933	704,186,887	754,511	7,010	0.806960939	0.570620848	0.707123258
広島県	29,241	908,963,800	1,184,967	8,480	1.02892534	0.869777667	0.845326316
山口県	19,103	674,240,104	594,372	6,144	0.672191812	0.455998525	0.678375601
徳島県	12,342	475,774,763	302,294	4,147	0.434287355	0.242582732	0.558576548
香川県	13,157	422,598,469	390,474	1,862	0.462965381	0.276884525	0.598067451
愛媛県	18,815	615,451,031	590,888	5,679	0.662057737	0.448849992	0.677962007
高知県	12,912	454,624,847	321,909	7,105	0.454344379	0.286376779	0.630307741
福岡県	50,030	1,610,429,766	2,110,468	4,847	1.760443718	1.442101538	0.819169351
佐賀県	13,120	434,352,654	295,038	2,440	0.461663434	0.2199893	0.476514457
長崎県	20,144	680,909,148	558,660	4,106	0.708822272	0.411189753	0.580102192
熊本県	22,020	780,443,083	688,234	7,268	0.774834513	0.529612974	0.683517532
大分県	16,185	579,262,214	482,051	5,100	0.569513923	0.371047816	0.651516673
宮崎県	15,723	591,704,806	460,505	6,795	0.553257177	0.374525514	0.676946507
鹿児島県	24,176	798,660,289	729,386	9,045	0.850699327	0.575285974	0.676250651
沖縄県	20,416	695,178,175	520,191	2,277	0.718393343	0.366742866	0.510504265
ウェイト	3.51878E-05	0	6.59348E-07	1.0433E-05			

となってしまっている。というのも、ウェイトについて着目すると、入力項目の歳出にかかるウェイト設定の値が0になってしまっている。これは、都道府県の歳出データが持つ情報が、他の、人口、面積、公務員数などと強い相関を持ち、したがって、他のデータの持つ情報により置き換えられることを意味しているものと考えられる。しかしながら、このことは比較分析を行うにあたって、歳出という項目を除外し、公務員数に対して世帯数と面積、つまり実質1入力2出力のDEA分析を行っていることに等しい。

更に、出力要素に面積を用いたが、面積自体は自治体の政策などで変動させることが難しい数値であり、また北海道や沖縄のようにあまりにも差がありすぎる要素であることに注意しなければならない。ここでは、単年度のデータを用いているため、そのような問題は起こってはいないが、時系列データあるいはパネル・データを用いる際には十分注意しなければならない。

したがって、この2つの条件が揃っている要素を用いて分析を行うことは、分析結果に上記のような偏ったウェイト設定を生み出したり、分析結果に対して努力の仕様がないので、適切な分析とは言えない。

このように、いかに機械的にウェイト設定を行い、比較分析が行えるからといって、入出力の要素選びを誤ってしまうと望んだ結果が得られないことが多い。分析における項目選びとして、「ある程度可変的な要素」である点と、「入力、または出力に対して投入、産出関係にあるかどうか」という点が重要であることが分かった。

そこで次に、47都道府県が実施している地域経営の効率性を検証する目的でDEA分析を用いた。地域経営、すなわち地方自治体がいかに効率的に実施されているかの政策評価を行うにあたって、地域経営主体の設定が必要となる。まず自治体を考慮し、続いて先行研究では無視されがちで、かつ地域の特色が濃く表れる主体として企業と住民も経営主体と考えることにする。

この時、DEA分析による効率性評価のイメージとは、地域経営主体による活動やそれに用いられた資源を投入（入力要素）とし、便益を算出するといった変換過程としてとらえる。

入力要素について見ていくと、どの自治体（都道府県）においても①地域の行政活動を行い、②民間企業は資本を活用し、③住民は労働力を提供する。これらの要素を①＝歳出②＝民間資本ストック③＝公務員数とする。その結果の便益算出（出力）として、④住民と企業が所得と利益を得て、⑤自治体は収入を得る。また、それらを⑥どれだけの住民が享受しているか（行き届いているか）を考えることも有効である。これらの要素をそれぞれ④＝県内総生産（名目）⑤＝歳入⑥＝世帯数とする。以上より、入力項目に歳出、民間資本ストック、公務員数を、出力項目に県内総生産（名目）、世帯数、歳入を用いた3入力3出力問題を考える。

入力要素	出力要素
① 歳出 （地域の行政活動）	④ 県内総生産（名目） （住民と企業が得る所得と利益）
② 民間資本ストック （民間の資本の活用）	⑤ 歳入 （自治体が得る収入）
③ 公務員数 （住民の労働力の提供）	⑥ 世帯数 （サービスを享受する住民数）

表5-2が分析結果になる。なお、今回も最も有利にウェイトを設定する目的DMUとして京都府を選択している。京都府に最も有利にウェイトを設定し、比較分析を行った結果、その効率性指標値は1にはならなかった。つまり、京都府を最も高く評価できるような設定において分析を行っても、同じ条件下で分析を行った他の都道府県により効率的な地域経営を行っている自治体が存在するという事になる。表5-2をみると、効率性指標値が1である都道府県が、宮城県、東京都、神奈川県の3団体あることがわかる。地域経

表 5-2　47 都道府県の DEA 分析（3 入力 3 出力）

2015 年度決算カードより

DMU	入力			出力			TI	TO	効率性指標値
	公務員数	歳出(千円)	民間企業資本ストック	世帯数	県内総生産(名目)(百万)	歳入			
北海道	71,654	2,467,472,124	8,580,695	2,424,317	18,124,116	2,476,174,039	2.661178	2.475015	0.930044986
青森県	18,581	718,977,371	2,540,954	513,385	4,472,202	747,332,557	0.77542	0.736822	0.950223471
岩手県	19,123	1,057,099,420	2,844,917	483,934	4,381,230	1,159,584,076	1.140082	1.122776	0.984819932
宮城県	27,536	1,531,353,309	5,196,005	901,862	8,356,365	1,690,441,279	1.65157	1.65157	1
秋田県	14,864	634,073,559	2,289,595	390,136	3,501,659	645,324,559	0.683851	0.633157	0.925869966
山形県	16,452	589,476,421	3,172,191	388,608	3,689,569	605,022,823	0.635757	0.596271	0.937890404
福島県	26,927	1,794,222,271	7,997,233	720,794	6,806,980	1,943,118,787	1.935083	1.876597	0.969776207
茨城県	32,440	1,080,575,842	7,721,654	1,088,411	11,641,958	1,099,143,428	1.165422	1.117857	0.95918691
栃木県	23,447	746,097,644	18,094,955	745,604	7,737,877	762,899,394	0.804734	0.773862	0.961637017
群馬県	23,465	745,086,442	10,826,928	755,756	7,563,730	755,661,893	0.803613	0.766376	0.953663643
埼玉県	60,226	1,633,446,137	8,832,873	2,841,595	20,374,018	1,641,301,946	1.761691	1.712317	0.97197375
千葉県	58,794	1,614,456,250	15,944,835	2,515,904	19,132,344	1,641,397,320	1.74124	1.698549	0.975482515
東京都	147,088	6,202,238,222	17,962,035	6,393,768	91,908,868	6,455,164,670	6.689121	6.689121	1
神奈川県	72,755	1,890,247,490	15,182,920	3,844,525	30,257,823	1,909,416,759	2.038675	2.038675	1
新潟県	30,237	1,131,568,263	27,622,976	839,039	8,687,432	1,178,016,747	1.220499	1.170749	0.959237464
富山県	14,437	525,683,489	2,720,447	383,439	4,383,990	551,730,828	0.566955	0.549773	0.96969462
石川県	14,661	557,863,218	7,157,237	441,170	4,426,497	572,743,915	0.601679	0.571025	0.949051909
福井県	12,447	461,595,202	20,702,776	275,599	3,089,845	469,734,119	0.497912	0.46354	0.930967107
山梨県	13,087	485,845,109	6,247,118	327,721	3,138,264	511,144,808	0.524005	0.503849	0.961535108
長野県	26,635	830,086,530	3,251,665	794,461	7,686,255	847,834,891	0.895253	0.854139	0.954411304
岐阜県	24,115	766,227,144	7,774,618	737,151	7,136,220	784,410,558	0.8264	0.7907	0.956800696
静岡県	37,439	1,132,899,465	44,640,481	1,399,140	15,485,316	1,160,832,056	1.222006	1.203011	0.984455867
愛知県	69,431	2,157,669,776	12,932,424	2,933,802	34,359,161	2,174,817,678	2.327077	2.289035	0.983652343
三重県	22,259	674,857,987	3,067,856	704,607	7,348,301	696,059,041	0.72784	0.708127	0.972915703
滋賀県	17,162	502,176,188	9,952,607	517,748	5,769,487	509,656,227	0.541633	0.520583	0.961136428
京都府	28,419	927,200,831	5,749,614	1,122,057	9,847,026	938,416,349	1	0.958236	0.958236302
大阪府	82,107	2,780,485,594	21,097,648	3,832,386	36,843,044	2,827,456,874	2.998812	2.935117	0.978760243
兵庫県	54,654	2,067,405,244	20,349,183	2,255,318	18,273,234	2,077,143,253	2.229759	2.097325	0.94060598
奈良県	15,346	471,139,788	2,377,609	523,523	3,499,173	486,185,785	0.508129	0.486712	0.95785195
和歌山県	15,023	583,271,307	3,885,960	393,553	3,572,695	597,882,161	0.629068	0.589061	0.936402562
鳥取県	10,384	341,992,427	1,137,079	211,964	1,748,157	359,851,489	0.36884	0.351864	0.95397423
島根県	12,703	523,609,799	1,450,713	262,219	2,342,038	542,667,160	0.564714	0.527781	0.934599787
岡山県	22,933	704,186,587	9,734,073	754,511	7,064,602	720,210,813	0.759499	0.730431	0.96172763
広島県	29,241	908,963,800	12,169,576	1,184,967	10,853,621	922,380,910	0.980358	0.949896	0.968927508
山口県	19,103	674,240,104	9,617,870	594,372	5,693,025	688,066,140	0.727201	0.689424	0.948051804
徳島県	12,342	475,774,763	2,394,152	302,294	2,838,932	509,492,178	0.513128	0.500149	0.974706087
香川県	13,157	422,598,469	3,063,408	390,474	3,763,538	436,380,113	0.455781	0.438355	0.961758179
愛媛県	18,815	615,451,031	5,591,024	590,888	4,716,063	630,793,132	0.663781	0.63042	0.949741712
高知県	12,912	454,624,847	883,558	321,909	2,412,364	468,234,761	0.490312	0.458275	0.934659977
福岡県	50,030	1,610,429,766	11,330,990	2,110,468	17,912,156	1,653,444,001	1.736678	1.694325	0.975500377
佐賀県	13,120	434,352,654	2,475,824	295,038	2,644,464	451,419,495	0.468455	0.444432	0.948719637
長崎県	20,144	680,909,148	2,160,892	558,660	4,403,385	705,138,265	0.734362	0.697857	0.950290054
熊本県	22,020	780,443,083	4,025,198	688,234	5,639,540	822,651,981	0.841746	0.817623	0.971376341
大分県	16,185	579,262,214	5,275,035	482,051	4,198,838	595,975,301	0.62475	0.592557	0.948470929
宮崎県	15,723	591,704,806	2,442,442	465,300	3,531,012	609,025,133	0.638157	0.600808	0.941473018
鹿児島県	24,176	798,660,289	2,179,662	729,386	5,347,166	828,730,190	0.861356	0.822714	0.955138943
沖縄県	20,416	695,178,175	819,341	520,191	3,806,582	712,108,127	0.749746	0.700393	0.934174242
ウェイト	2.06343E-14	1.07849E-09	4.17464E-12	2.246E-08	5.26906E-09	9.38976E-10			

営の実施という観点において、入力・出力項目の条件を鑑みた結果、京都府は上記3団体に劣っている結果となる。また、他の都道府県の効率性指標値やウェイト設定に注目してみると、今回は明らかに浮いている数値がないことがわかることから、DEA分析はかなり現実的に行われたと言える。

次に、効率性指標値に注目すると、京都府より指標値の高い都道府県は宮城県、東京都、神奈川県、静岡県などがあげられる。指標値の低い都道府県（効率性指標値が0.93付近）は北海道、秋田県、福井県、和歌山県などがあげられる。

この分析においては、基本的に、入力に対して出力が大きければ大きいほど評価される。また、ウェイトは歳入に最も重い比重を、歳出に最も軽い比重をおいている。以上を踏まえデータに注目したところ、歳出に対して歳入額が上回っている都道府県がより評価されていることが窺える。また、公務員数も効率性の優劣に対しての関連性が大きく、これらの要素を用いた比較分析において、公務員数が少なく歳入額を多く捻出している都道府県が効率的であることがわかる。一方で、出力要素のウェイト設定では世帯数が最も重く比重を置いている。出力要素で比重の重かった歳入と並べて考えると、これらの要素で優先順位をつけるとしたら、世帯数に対して、適切な歳入額を算定することが効率性改善に最も近づくと言える。

上記の分析では、地域経営の主体を自治体・住民・企業と考えて要素を選定した。この1つである住民において、出力要素に世帯数を選定したが、次の分析では消費支出額を用いて行った。ここでの消費支出額は、2人以上の世帯が1か月に消費した総額である。このような要素選択により、住民の規模に対して入力要素が効率的であるかどうかではなく、住民の消費（家計）に対してどの程度影響を与えているかを見ることができる。

表5-3がその結果を示している。効率性指標値に注目すると、前回の分析

表 5-3　47 都道府県の DEA 分析-2（3 入力 3 出力）

2015 年度決算カードより

DMU	入力			出力			TI	TO	効率性指標値
	公務員数	歳出（千円）	民間企業資本ストック	消費支出（千円）	県内総生産（名目）（百万）	歳入			
北海道	71,654	2,467,472,124	8,580,695	285.2	18,124,116	2,476,174,039	2.661178	2.450233	0.920732707
青森県	18,581	718,977,371	2,540,954	243.6	4,472,202	747,332,557	0.77542	0.734249	0.946905317
岩手県	19,123	1,057,099,420	2,844,917	274	4,381,230	1,159,584,076	1.140082	1.125803	0.987475169
宮城県	27,536	1,531,353,309	5,196,005	287.9	8,356,365	1,690,441,279	1.65157	1.65157	1
秋田県	14,864	634,073,559	2,289,595	266.6	3,501,659	645,324,559	0.683851	0.632131	0.924369265
山形県	16,452	589,476,421	3,172,191	308.6	3,689,569	605,022,823	0.635757	0.594797	0.935572365
福島県	26,927	1,794,222,271	7,997,233	288.6	6,806,980	1,943,118,787	1.935083	1.88369	0.973441799
茨城県	32,440	1,080,575,842	7,721,654	286.3	11,641,958	1,099,143,428	1.165422	1.106585	0.949514725
栃木県	23,447	746,097,644	18,094,955	329.2	7,737,877	762,899,394	0.804734	0.766262	0.952193126
群馬県	23,465	745,086,442	10,826,928	298.7	7,563,730	755,661,893	0.803613	0.758461	0.943814086
埼玉県	60,226	1,633,446,137	8,832,873	329.4	20,374,018	1,641,301,946	1.761691	1.668165	0.946911092
千葉県	58,794	1,614,456,250	15,944,835	299.2	19,132,344	1,641,397,320	1.74124	1.661712	0.954326724
東京都	147,088	6,202,238,222	17,962,035	325	91,908,868	6,455,164,670	6.689121	6.622857	0.990093676
神奈川県	72,755	1,890,247,490	15,182,920	298	30,257,823	1,909,416,759	2.038675	1.975208	0.968868768
新潟県	30,237	1,131,568,263	27,622,679	278.8	8,687,432	1,178,016,747	1.220499	1.166092	0.955364418
富山県	14,437	525,683,489	2,720,447	339.6	4,383,990	551,730,828	0.566955	0.547778	0.966175525
石川県	14,661	557,863,218	7,157,237	335.9	4,426,497	572,743,915	0.601679	0.567985	0.943999067
福井県	12,447	461,595,202	20,702,776	283.5	3,089,845	469,734,119	0.497912	0.462983	0.929849101
山梨県	13,087	485,845,109	6,247,118	300.1	3,138,264	511,144,808	0.524005	0.502618	0.959186027
長野県	26,635	830,086,530	3,251,665	311.3	7,686,255	847,834,891	0.895253	0.846759	0.945832513
岐阜県	24,115	766,227,144	7,779,710	270.8	7,126,230	784,410,558	0.8264	0.783546	0.948144252
静岡県	37,439	1,132,899,465	44,640,481	286.6	15,485,316	1,160,832,056	1.222006	1.185499	0.970125532
愛知県	69,431	2,157,669,776	12,932,424	306.5	34,359,161	2,174,817,678	2.327077	2.249203	0.966535655
三重県	22,259	674,857,987	3,067,864	301.3	7,348,301	696,059,041	0.72784	0.700646	0.962638274
滋賀県	17,162	502,176,188	9,952,607	291	5,769,487	509,656,227	0.541633	0.515067	0.950951214
京都府	28,419	927,200,831	5,749,614	304.9	9,847,026	938,416,349	1	0.944283	0.944283418
大阪府	82,107	2,780,485,594	21,097,648	267.2	36,843,044	2,827,456,874	2.998812	2.889162	0.961354261
兵庫県	54,654	2,067,405,244	20,349,183	260.4	18,273,234	2,077,143,253	2.229759	2.071559	0.929050431
奈良県	15,346	471,139,788	2,377,609	324.6	3,499,173	486,185,785	0.508129	0.480785	0.946187554
和歌山県	15,023	583,271,307	3,885,960	265	3,572,695	597,882,161	0.629068	0.58739	0.933745774
鳥取県	10,384	341,992,427	1,137,079	268.4	1,748,157	359,851,489	0.36884	0.35142	0.952770128
島根県	12,703	523,609,799	1,450,713	281.8	2,342,038	542,667,160	0.564714	0.528398	0.935692938
岡山県	22,933	704,166,887	9,734,073	285.6	7,064,602	720,210,813	0.759499	0.722118	0.95078322
広島県	29,241	908,963,800	12,169,576	291.9	10,853,621	922,380,910	0.980358	0.934338	0.953057714
山口県	19,103	674,240,104	9,617,870	294.4	5,693,025	688,066,140	0.727201	0.684323	0.941037865
徳島県	12,452	475,774,763	2,394,152	320.1	2,838,932	509,492,178	0.513128	0.49847	0.973382398
香川県	13,157	422,598,469	3,063,408	306.2	3,763,538	436,380,113	0.455781	0.434815	0.954000738
愛媛県	18,815	615,451,031	5,591,024	259.8	4,716,063	630,793,132	0.663761	0.624711	0.941140654
高知県	12,912	463,624,847	883,552	319.5	2,160,432	468,234,761	0.490312	0.456482	0.931368068
福岡県	50,030	1,610,429,766	11,330,990	300.4	17,912,156	1,653,444,001	1.736878	1.666738	0.959617269
佐賀県	13,120	434,352,654	2,475,824	272.7	2,644,464	451,419,495	0.468455	0.443219	0.946130395
長崎県	20,909,148								
長崎県	20,909	680,909,148	2,160,892	256.3	4,403,385	705,138,265	0.734362	0.693762	0.944713822
熊本県	22,020	780,443,083	4,025,198	279.7	5,639,540	822,651,981	0.841716	0.812026	0.964726909
大分県	16,185	579,262,214	5,275,035	284.2	4,198,838	595,975,301	0.62475	0.588876	0.942578492
宮崎県	15,723	591,704,806	2,442,442	250.5	3,531,012	609,025,133	0.638157	0.597766	0.936706319
鹿児島県	24,176	798,660,289	2,179,662	290.8	5,347,166	828,730,190	0.861356	0.816266	0.947652844
沖縄県	20,416	695,178,175	819,341	225.9	3,806,582	712,108,127	0.749745	0.697245	0.929975177
ウェイト	2.06343E-14	1.07849E-09	4.17464E-12	2.246E-08	5.26919E-09	9.50954E-10			

に比べて、効率的である（指標値が1）都道府県が宮城県の1団体のみとなっている。また分析の結果、ウェイト設定は前回の分析と変わることはなかった。やはり、歳出が与える影響を評価する場合には、3つの主体の内住民が最も重要視されることがわかった。具体的には、京都が最も効率的となるウェイト設定下において、宮城県の歳出と消費支出額の割合を目指して改善すれば、より効率的な数値に近づくことなる。

5.2 47都道府県の双対問題

DEA分析の利点の1つとして、改善値を定量的に把握することができるという点があった。前述した通り、DEA分析は線形計画問題を用いて分析を行っている。すなわち、双対問題を解くことによって、その改善値をより解りやすく表すことができるのである。

表5-4が、その双対分析の結果である。なお、入力・出力要素は表5-2のものを用いた分析と同じものである。表5-2と比較しても、京都府の効率性指標値（θ）が0.95823909と同じ数値が出ていることから、正しく双対問題に変換できていることがわかる。表5-2からすると、京都府は、宮城県の仮想DMUの約0.26倍と、東京都の仮想DMUの約0.01倍と、神奈川県の仮想DMUの約0.20倍と、福井県の仮想DMUの約2.6* E-8乗倍を足したDMUの95％しか満たしていないことがわかる。

また、この分析の目的DMUは自由に変えることができる。団体数分の試行を重ねることにより、逆に京都府はどの都道府県から目標DMUとして設定されるかを知ることもできる。全47都道府県すべてのDEA分析の試行した結果、京都府が目標DMUに設定される回数は6回であった。この試行の中で目を引いたのが、東京都である。47回の試行の中で、東京都が目標

表 5-4　47 都道府県の双対分析

DMU	入力			出力			ウェイト
	公務員数	歳出(千円)	民間企業資本ストック	世帯数	県内総生産(名目)(百万)	歳入	
北海道	71,654	2,467,472,124	8,580,695.236	2,424,317	18,124,116	2,476,174,039	0
青森県	18,581	718,977,371	2,540,954.126	513,385	4,472,202	747,332,557	0
岩手県	19,123	1,057,099,420	2,844,916.697	483,934	4,381,230	1,159,584,076	0
宮城県	27,536	1,531,353,309	5,196,004.886	901,862	8,356,365	1,690,441,279	0.434671243
秋田県	14,864	634,073,559	2,289,594.866	390,136	3,501,659	645,324,559	0
山形県	16,452	589,476,421	3,172,190.929	388,608	3,689,569	605,022,823	0
福島県	26,927	1,794,222,271	7,997,233.086	720,794	6,806,980	1,943,118,787	0
茨城県	32,440	1,080,575,842	7,721,654.377	1,088,411	11,641,958	1,099,143,428	0
栃木県	23,447	746,097,644	18,094,955.27	745,604	7,737,877	762,899,394	0
群馬県	23,465	745,086,442	10,826,927.58	755,756	7,563,730	755,661,893	0
埼玉県	60,226	1,633,446,137	8,832,872.668	2,841,595	20,374,018	1,641,301,946	0.25288057
千葉県	58,794	1,614,456,250	15,944,834.56	2,515,904	19,132,344	1,641,397,320	0
東京都	147,088	6,202,238,222	17,962,034.6	6,393,768	91,908,868	6,455,164,670	0.205468725
神奈川県	72,755	1,890,247,490	15,182,920.26	3,844,525	30,257,823	1,909,416,759	0
新潟県	30,237	1,131,568,263	27,622,975.51	839,039	8,687,432	1,178,016,747	0
富山県	14,437	525,683,489	2,720,446.523	383,439	4,383,990	551,730,828	0
石川県	14,661	557,863,218	7,157,236.576	441,170	4,426,497	572,743,915	0
福井県	12,447	461,595,202	20,702,776.47	275,599	3,089,845	469,734,119	0
山梨県	13,087	485,845,109	6,247,118.172	327,721	3,138,264	511,144,808	0
長野県	26,635	830,086,530	3,251,665.437	794,461	7,686,255	847,834,891	0
岐阜県	24,115	766,227,144	7,774,618.356	737,151	7,136,220	784,410,558	0
静岡県	37,439	1,132,899,465	44,640,481.12	1,399,140	15,485,316	1,160,832,056	0
愛知県	69,431	2,157,669,776	12,932,424.46	2,933,802	34,359,161	2,174,817,678	0
三重県	22,259	674,857,987	3,067,856.275	704,607	7,348,301	696,059,041	0
滋賀県	17,162	502,176,188	9,952,607.427	517,748	5,769,487	509,656,227	0
京都府	28,419	927,200,831	5,749,614.374	1,122,057	9,847,026	938,416,349	0
大阪府	82,107	2,780,485,594	21,097,648.42	3,832,386	36,843,044	2,827,456,874	0
兵庫県	54,654	2,067,405,244	20,349,183.24	2,255,318	18,273,234	2,077,143,253	0
奈良県	15,346	471,139,788	2,377,608.809	523,523	3,499,173	486,185,785	0
和歌山県	15,023	583,271,307	3,885,960.421	393,553	3,572,695	597,882,161	0
鳥取県	10,384	341,992,427	1,137,079.496	211,964	1,748,157	359,851,489	0
島根県	12,703	523,609,799	1,450,712.729	262,219	2,342,038	542,667,160	0
岡山県	22,933	704,186,887	9,734,072.798	754,511	7,064,602	720,210,813	0
広島県	29,241	908,963,800	12,169,576.35	1,184,967	10,853,621	922,380,910	0
山口県	19,103	676,240,104	9,617,870.095	594,372	5,693,025	688,066,140	0
徳島県	12,342	475,774,763	2,394,152.323	302,294	2,838,932	509,492,178	0
香川県	13,157	422,598,469	3,063,407.788	390,474	3,763,538	436,380,113	0
愛媛県	18,815	615,451,031	5,591,024.182	590,888	4,716,063	630,793,132	0
高知県	12,912	454,624,847	883,558.232	321,909	2,160,432	468,234,761	0
福岡県	50,030	1,610,429,766	11,330,989.6	2,110,468	17,912,156	1,653,444,001	0
佐賀県	13,120	434,352,654	2,475,823.626	295,038	2,644,464	451,419,495	0
長崎県	20,144	680,909,148	2,160,892.041	558,660	4,403,385	705,138,265	0
熊本県	22,020	780,443,083	4,025,197.839	688,234	5,639,540	822,651,981	0
大分県	16,185	579,262,214	3,595,957.495	482,051	4,198,838	595,975,301	0
宮崎県	15,723	591,704,806	2,442,441.643	460,505	3,531,012	609,025,133	0
鹿児島県	24,176	798,660,289	2,179,662.211	729,386	5,347,166	828,730,190	0
沖縄県	20,416	695,178,175	819,340.9085	520,191	3,806,582	712,108,127	0
	57,421.08	2,353,068,017	8,182,852.129	2,424,317	27,668,862.78	2,476,174,039	$\theta=$ 0.953635096

DMUに選ばれた回数は37回であり、これは他の都道府県と比べて圧倒的に多い回数である。これは、この項目を用いてDEA分析を行うと、37団体から東京都がベンチマークとして選ばれることを意味する。ところで、37もの団体が東京都と同じ政策規模に近づける、という改善目標は現実的に考えて可能とは言い難く、分析を行うにあたっては、東京都を除外した46都道府県での試行を行った方がより実用的な数値を得られたはずである。しかしながら、京都府を目的DMUに選んだ今回の分析に限っては、東京都の他に宮城県や神奈川県といった自治体が目標DMUとして挙がったため、総体として有効な分析であるといえよう。

5.3　DEA導入が政策評価に与える影響

　ここで、現行の政策評価における問題点をもう一度整理しておきたい。前述した通り、費用便益分析などの単純な便益／コストの分析や、事務事業評価システムによる政策評価では、①他団体との比較分析を行うことが困難な点、②客観的指標による分析を行うことが困難な点、③分析結果の理解に知識を必要とするため、一般の住民に対するアカウンタビリティを十分に果たすことができない点が挙げられた。
　この内、①についてはDEA分析の性質がこれを解消していることがわかる。目的DMUが最も有利となるウェイト設定によるモデル分析を、他の団体に対しても同じように適用し比較分析することにより、定量的な改善値を表すまでに至っている。双対問題を考えることによって、本研究では京都府が、仮想DMUについてどれほど目標DMUとの差があるかを理解することができた。②についても、DEA分析の性質である「仮想的入力」「仮想的出力」によって同一の単位で分析を行うことで、直感的に比較を行うことがで

きる。また、基本的に DEA 分析の結果は「効率性指標値が1か、もしくはそれにどれだけ近いか」で効率性を判断でき、かつ他団体の結果が一覧で表示することができる上にグラフ化も容易である点から、③の問題点もある程度解消することができている。勿論利点ばかりでなく、分析結果を鵜呑みにして政策に取り入れたり、他の手法による政策評価の必要性がなくなるわけではない。たとえば本研究においては、47 都道府県すべてを目的 DMU として試行した結果、東京都が過剰に評価されほぼすべての団体に対して目標 DMU に選ばれるといった結果が表れた。DEA 分析の性質上、独自性の高い政策、特徴的な政策や自治体の規模が平均と乖離していればいるほど、高く評価してしまう。他の自治体も同じように分散していれば問題はないのだが、今回の出力項目に選んだ歳入は東京都が余りにも突出していた為、このような結果が起きてしまった。試行を繰り返し、不適切であると判断した DMU を除外したり、項目を別のものに置き換えて分析を行うことで、更に適切な分析に近づけることはできるので、DEA 分析においても、研究の集積や実施する研究者の知識や経験がある程度必要であることがわかった。

5.4 今後の研究に向けて

本研究では、「47 都道府県における地域経営の効率性」に絞って比較分析を行った。基本的に DEA 分析には項目や単位においての縛りがない為、入出力の要素を入れ替えることによって、より専門的な分野や事業の政策評価を行うことができる。項目を入れ替えて全国の自治体の比較を行うことも可能であるし、1団体に絞って、年度別のデータを用いて事業間の比較分析も行うことができる。また公共事業においても DEA 分析は有効であり（そもそも日本における公的分野の DEA は公共事業に導入する手法が主である）、

現行の公共事業を他団体と比較し効率性の評価・指標を得ることができるし、その結果を受けて、新たに公共事業を行おうと考えている他団体の行動決定指標にもなり得る。

先行研究（寺田 2002）では、下水道事業評価における DEA 分析の適用可能性を示したものも存在する。それによると、下水道事業の現状と課題をまとめると、①国民が着実な下水道整備に満足しながらも、よりいっそうの総合的な下水対策を望でいる状況の中、②下水道普及率向上には、下水道整備を強く望んでいるが処理コストが高くなる人口規模の小さな市町村での整備が不可欠となる。また、③既存の下水道施設の更新・改築が増加する。上に、④社会的状況の変化から処理汚水量が減少し、その結果、使用料収入が減少する。という厳しい状況にあり、今後よりいっそうの効率化が求められるとしている。

下水処理施設には幾つかの標準的な処理方式や施設建設工法があるが、実施する地域の自然状況や社会条件などの地域固有状況によって、下水処理方法や施設建設工法などが異なる。現在の効率性に基づく政策評価の観点からすれば、下水道事業として効率的な運営が取り組める施設建設を実施しても、維持管理運営が非効率的になされていれば、優位点を生かしてないことになるため、低い評価がなされるべきであろう。逆に、地域固有状況などで維持管理運営が非効率にならざるを得ない施設であっても、創意工夫で効率的な維持管理運営が施されておれば高く評価されるべきである。そのため、同じ処理方法や同じ処理対象人口でもその施設建設コストや維持管理コストに違いが生じるため、単にモデルケースと比較して、効率性の評価を下すのは適切ではない場合がある。このような実態を受けて、DEA 分析を導入することにより、現在供給が始まっている施設の業務改善の指標を表すことができ、また今後汚水処理などなんらかの下水道事業を行う必要があるとされる市町

村について、下水道事業決定の指標を得ることができると考えている。

おわりに

　第4・5章では、地方分権成立の歴史を辿り、NPM導入を経て注目を浴びた政策評価の手法の問題点を明らかにし、客観的指標で比較分析を可能にするDEAの適用可能性を述べた。DEAを用いた比較分析を通じて、自治体・民間企業・住民を考慮した地域経営の効率性を47都道府県間で政策評価した。この結果、京都府における各項目の改善値を定量的に把握することができた。東京都の過剰評価から、イレギュラーを誘発する原因となった項目（歳出）選出の見直しや、また歳出額の削減が有効であることも明らかにした。

　しかしながら、先行研究や定説にもある通り、DEAによる分析の実施において、より総合的な判断が必要であることも明らかになった。また、DEAには研究者の知識や勘、研究の集積による統計的な判断基準を加えた新たなモデルを確立しようとする動きもある。将来的にこのモデルが実現すれば、より具体的な地域経営効率性改善策を打ち立てることが期待される。

参考文献
海野進（2004）『これからの地域経営』同友館。
大野勝久・逆瀬川浩孝・中出康一（2014）『Excelで学ぶオペレーションズリサーチ』近代科学社。
大浜賢一郎（2013）「包絡分析法を用いた都道府県の相対的効率性の評価―平成の大合併を対象にして―」政経研究第49巻第3号、821-840頁。
岸邦宏・山平秀典・佐藤馨一（2001）『ウィンドー分析法による地下鉄事業の経営および利用効率評価』『土木計画学研究・論文集』Vol. 18, No. 1。
小島照男・兼子良夫（2004）『地方財政と地域経営』八千代出版。
財務省（2015）『都道府県別決算カード』。(http://www.soumu.go.jp/iken/zaisei/card。

html）
杉山学（2010）『経営効率分析のためのDEAとInverted DEA』静岡学術出版理工学ブックス 090003。
鈴木聡士・吉本論・原勲（2005）『DEAによる地域経営の効率性評価に関する研究—住民生活満足度を考慮して—』。
寺田守正（2002）「下水道事業評価における包絡分析法（DEA）適用可能性」『同志社政策科学研究』。
内閣府（2012）『地方財政白書』。
宮良いづみ・福重元嗣（2002）「政令指定都市における図書館の効率性評価」『地域学研究』第33巻第1号。
PHP総合研究所（2001）『全国知事・市長への「地方分権の現状と課題に関するアンケート」調査結果』。

第6章
財政競争と地域経済の成長

東裕三・西垣泰幸

はじめに

　わが国の地方財政運営は、国の関与を強く受けざるを得ない状況にあり、中央集権的であると言われている。このような状況下では地域住民の日常生活に密着した地方公共財が効率的に（住民が望む量だけ）供給されない可能性がある。このような問題を解消するために、これまで、国から地方政府への権限や税源を移譲する地方分権が議論されてきた。しかしながら、地方分権が達成され地方政府間の競争が激しくなると各地域の地方公共サービス供給の効率性が高くなるなど、これまで地方分権と地方公共財供給の効率性との関係に焦点が当てられ議論が進められてきた。

　一方で、人口減少が進むわが国では、今後、多くの地方で過疎化や地域消滅の危険性が指摘されており、地域の過疎化を防ぐ政策が議論されている。国は地方創生を実現するために2015年度より、地方公共団体へ情報支援、人的支援、財政支援の3つの側面から支援するいわゆる「地方創生版・三本の矢」を実施することを公表している[1]。このように、これからは地方分権と地域の効率性に加え、地方分権の地域経済へのパフォーマンスがどのようなも

のであるのかを考察することも重要視されてくるだろう。本章では、最初に地域経済の活性化、つまり地域経済の成長の重要性を検討するために国が推進する地方創生政策を概観する。そして、地方分権が達成され地方政府間の競争が激しくなった場合、地域経済の成長にとって良い影響を与えるのか否かを考察するために Hatfield and Kosec（2013）の実証研究を概観する。

6.1　地方創生とその重要性[2]

　本節では、総務省（2016）の解説に従い、地方創生政策の実際を概観し、今後のわが国にとって地域経済の成長がいかに重要なのかを検討していきたい。

6.1.1　地方創生政策

　わが国の人口減少は年々進んでいる。このような人口減少は特に地方地域に顕著である。国は、「人口減少を契機に、地方において、人口減少が地域経済の縮小を呼び、地域経済の縮小が人口減少を加速させるという悪循環の連鎖に陥る可能性が高く、地方が弱体化するならば、地方からの人材流入が続いてきた大都市もいずれは衰退し、我が国全体の競争力が弱まることは避けられない。」[3]との危機意識を持っている。これに対処するため、国は、2014年9月に、まち・ひと・しごと創生本部を設置した。それ以後、人口減少克服・地方創生の実現に向けた活動を行っている。

　国は、2014年11月に、「まち・ひと・しごと創生法案」および「地域再生法の一部を改正する法律案」の地方創生政策に関連した2つの法案を成立させた。「まち・ひと・しごと創生法案」は地方創生の理念等をまとめたものであり、「地域再生法の一部を改正する法律案」は、地域活性化に取り組む地方

公共団体を国が一体的に支援するものである。そして、2014年の12月には、「まち・ひと・しごと創生長期ビジョン」および「まち・ひと・しごと創生総合戦略」(以下「総合戦略」と表記する)を閣議決定した。「まち・ひと・しごと創生長期ビジョン」は日本の人口について現状と将来の方向性を示し、2060年に1億人程度の人口を確保するための施策を提示したものである。「総合戦略」は2060年に1億人程度の人口確保の実現のために今後5年間の目標や施策と基本的な方向性を提示したものである。総合戦略の基本的な目標は次の4点が挙げられており、「地方における安定した雇用を創出する」、「地方への新しいひとの流れをつくる」、「若い世代の結婚・出産・子育ての希望をかなえる」、「時代に合った地域をつくり、安心なくらしを守るとともに、地域と地域を連携する」とされている。これらの目標を達成するために、地方において30万人分の若者雇用を生み出すこと、地方から東京圏へに転出入を均衡させることを定め、それに必要な政策を示している。

　以上のような国の政策「まち・ひと・しごと創生法案」、「地域再生法の一部を改正する法律案」、「まち・ひと・しごと創生長期ビジョン」、「総合戦略」は、人口減少克服と地方創生を実現するための政策であり、これらの政策によって国は、「地方で「ひと」をつくり、その「ひと」が「しごと」をつくり、「まち」をつくるという流れを確かなものにする。そして、地方に、「しごと」が「ひと」を呼び、「ひと」が「しごと」を呼び込む好循環を確立することで、地方への新たな人の流れを生み出すこと、その好循環を支える「まち」に活力を取り戻し、人々が安心して生活を営み、子どもを産み育てられる社会環境をつくり出すこと」[4]という地域活性化の好循環を生み出したいと考えている。

　国は、2015年12月に「総合戦略」を改訂した。そこでは、地方公共団体による地方創生に対する取組を、情報支援、人的支援、財政支援の3つの側面

から国が支援する「地方創生版・三本の矢」を実施することを示している。「地方創生版・三本の矢」とは、第1の矢は、「地域経済分析システム」の開発・普及促進などの情報支援であり、第2の矢は、地方創生リーダーの育成普及、地方創生コンシェルジュや地方創生人材支援制度の人的支援、そして、第3の矢は、地方創生加速化交付金や地方創生の深化のための新型交付金（地方創生推進交付金）の創設、地方財政措置や地方創生応援税制（企業版ふるさと納税）などの財政支援である。

　第3の矢である財政支援については、国は、「地方創生加速化交付金や、従来の「縦割り」事業だけでは対応しきれない課題への対処に取り組む地方公共団体を後押しする地方創生推進交付金を創設し、切れ目のない支援を行う。また、地方公共団体が自主性・主体性を最大限発揮して地方創生に取り組み、地域の実情に応じたきめ細かな施策を可能にする観点から、2015年度の地方財政計画の歳出において創設された「まち・ひと・しごと創生事業費」について、2016年度においても引き続き1兆円を確保した」[5]としている。このように国は地方公共団体が自主的・主体的に地方創生を進められるように財政支援を行うこととしている。

　このような国の施策の下、地方公共団体は、2015年度に「地方人口ビジョン」と「地方版総合戦略」を作成した。それらに基づき、2016年度から地方創生事業を本格的に推進している。

6.1.2　地方創生政策の実際

　地方創生政策は、前節で述べたように、「地方に「しごと」をつくり、「しごと」が「ひと」を呼び、「ひと」が「しごと」を呼び込む地域経済の好循環を拡大すること」の達成を目標とした政策である。その政策の1つとして国は「地域経済好循環推進プロジェクト」（2015年6月1日経済財政諮問会議

提出）を推進している。これは、地方公共団体が自主的・主体的に動き、地域で生産性の高い企業を設立または呼び込むための政策であり、地方の域内総生産を引き上げ、国のGDPを増加させることを図ったものである。「地域経済好循環推進プロジェクト」は次の具体的な3つの政策「ローカル10,000プロジェクト」、「分散型エネルギーインフラプロジェクト」、「自治体インフラの民間開放」に分類される。

「ローカル10,000プロジェクト」は、地域金融機関の預貸率が地方圏を中心に低下し、資金が余剰している現状から、各地域の余剰資金を特色ある地域資源や地域の人材と結びつけるものである。そうすることにより、需要創造型のイノベーションを活発化させ、地域において持続可能な資金循環を生み出すことが目標である。具体的には、地域の資源と地域の金融機関の資金を活用して、地域密着型企業を1万事業程度立ち上げようと計画されている。地域密着型企業は、地域に大きな雇用を生み出すこと、また、生産のための原材料は地元の原材料を使用するため、地域金融機関の融資も必要とする。地域密着型企業の生産と雇用により、地域の所得は増加し、地域の所得の増加によって、新たな事業が生み出され、それがさらなる地域の所得向上に貢献するというものである。

「分散型エネルギーインフラプロジェクト」はエネルギーを地産地消することにより、地域経済の活性化を実現しようとするものである。再生可能エネルギー、コジェネレーション等の分散型エネルギーを整備し、多様な新規企業を生み出すことが大きな目標となっている。また、地域内で生産されるエネルギーを有効活用し、自立的で持続可能な災害に強い地域づくりも目標としている。分散型エネルギーインフラの整備は、地域生活の安定、地域新産業の創出、都市環境の向上といった、地域にとって重要なものである。しかしながら、莫大な費用負担と資金回収の時期に差があること等が問題で地

方公共団体の積極的な関与によって政策を実行することが必要となる。

　最後に「自治体インフラの民間開放」は、地方公共団体が所有するインフラを民間に開放することで、地域におけるビジネス拠点を作り出すこと、地域企業の生産性を上昇させることを目標としたものである。そのために「公共施設オープン・リノベーション」や「地域経済グローバル循環創造事業」などの政策が進められている。「公共施設オープン・リノベーション」は公共施設や公用施設を活用することで新しい公共空間を作り出し、民間事業者や市民に開放するものである。「地域経済グローバル循環創造事業」は企業の地方への誘致や地元産商品の海外への販路開拓を進めるものである。

　以上のように、地域の経済を活性化させるための地方創生政策が行われている。一方で地方分権は地域活性化のために貢献するのであろうか。次節では、地方分権による地域間競争が地域経済に与える影響がどのようなものであるのかをみる。

6.2　地方政府間競争が地域経済成長に与える影響[6]：Hatfield and Kosec（2013）による分析

　地方分権は世界の国々において主要な制度改革の１つである。これは、国の権限を地方政府に委譲し、地方政府間競争を引き起こし、地域を活性化させることで、経済成長を目標とするものである。したがって、これまで地方分権が経済成長へ与える効果が実証的に検証されてきた。しかしながら、これまでの実証研究において、地方分権が経済成長へ与える影響は、統一的な結果は得られていない[7]。このことについて、Hatfield and Kosec（2013）はこれまでの一連の先行研究には２つの問題が存在しているからであると指摘している。第１に地方分権度の基準の定義、第２に制度選択の経済成長への

内生性の問題である。地方分権がどれだけ進んでいるのかの基準は、国政府の支出に占める地方政府の支出や地方政府の税収シェアなどが用いられているが、各国のクロスセクションデータで分析する際には、制度的に国と地方の政府間関係は各国間で差があるため問題である。また、地方分権と経済成長には、地方分権が進めば経済成長が促進されるとういう因果経路と、経済成長が達成され制度が整備されたために地方分権改革が行われるという因果経路がある。この場合、最小二乗法による分析では因果同時バイアスが生じるため、操作変数法による分析が必要となる。

　Hatfield and Kosec（2013）は上記で述べた2つの問題を克服するために、第1の問題に対しては、分析対象をアメリカ国内に存在する大都市統計圏（Metropolitan Statistical Areas: MSAs）として、MSAs内の都市地域（カウンティ）の地方政府の数と雇用者1人当たり所得の成長率との関係を実証的に分析した。地方分権がなされていれば、地方政府間の競争が激しくなるため、地方分権度の代理変数として地方政府の数を用いることで、地方分権の程度の地域経済成長への効果をみようとする分析である。彼らは、都市地域（カウンティ）の地方政府数が増加した場合、地域の1人当たり雇用者所得が増加することを明らかにした。さらに、地方政府の競争は、課税を上昇させそれに伴い支出も上昇させ、より深刻な地方債問題を引き起こすことを明らかにした。

　Hatfield and Kosec（2013）の推計モデルは次式のように設定されている。

$$g_i = \beta_0 + \beta_N \log(N_i) + \gamma X_i + \alpha_i + \varepsilon_i \tag{1}$$

　ここで、添え字のiは地域、g_iは1人当たり雇用者所得の成長率、N_iは地方政府の数、X_iはその他のコントロール変数のベクトル、α_iは固定効果、ε_iは誤差項である。その他のコントロール変数は、MSAs内の自然環境に関す

る変数であり、海に面しているのか否かのダミー、大きな湖があるのか否かのダミー、主要な河川があるのか否かのダミー、気温、日照時間、1ヵ月の降水量等である。分析はアメリカのカウンティ（Metropolitan Statistic areas: MSAs）ごとに行われており、分析対象期間は1969-2006年である。

　最小二乗法の分析の結果、主に β_N は0.12と有意に推定されている。また、識別問題を解消するため、小川の数を操作変数とした操作変数法の分析も行われている。なぜ、操作変数に小川の数を用いるのかの理由は、次の通りである。小川の数が多くなれば、小川は地域の境界線として用いられる傾向にあることから、おのずと地域の数が多くなる。したがって、小川の数（操作変数）は、地方政府の数（説明変数）に影響を与える。一方で、小川の数は自然の地理的な結果形成されるものであるので、(1) 式の誤差項とは相関しない。すなわち、小川の数は操作変数の条件を満たすと考えられている。

　操作変数法を用いた場合、β_N は0.22との結果が得られている。これより、最小二乗法によって得られた地方政府間競争が地域経済の成長へ与える効果は過少であることがわかる。このようにHatfield and Kosec (2013) は地方政府の数が増加し、地域間の競争が激しくなった場合、雇用者1人当たり所得を22%上昇させる結果を導出している。

6.3　これまでの日本の地方財政と地域経済の成長に関する研究

　これまでに地方財政において地域経済成長に関連した実証研究には中里（1999ab）、石川（2000）、塩路（2000）、近藤（2012）がある。これら一連の研究は、Barro回帰の手法を用いて都道府県における社会資本や公共投資等が経済成長へどのような影響を与えているのかを実証的に分析したものである。中里（1999ab）は公共投資や社会資本が地域の経済成長に影響を与えて

いないとの実証的結果を得ている。石川（2000）、塩路（2000）は社会資本が経済成長へ正の影響を与えていることを示した。近藤（2012）は社会資本ストックが経済成長へ正の影響を、一方で、政府消費は負の影響を、そして公共投資は影響を与えていなかったことを明らかにした。

このようにこれまでの地方財政の実証分析においては、社会資本や公共支出が地域経済に与える影響を中心に分析がなされてきたことがわかる。

おわりに

本章では、地域活性化のための地方政府間競争の役割を検討してきた。これまでは、地方分権と地域の効率性の側面との研究に焦点を当てられてきたが、近年の地域経済の衰退を考えれば、地方分権の地域経済成長への影響を考慮されなけばならない。これまでのわが国における地方財政の実証分析においては、社会資本や公共支出が地域経済に与える影響を中心に分析がなされてきた。しかしながら、Hatfield and Kosec (2013) は地方政府の数が増加し、地方政府間の競争が激しくなった場合、地域経済の成長へどのような影響を与えるのかを分析している。結果的に、地方政府間の競争は地域の雇用者所得を増加させることを実証的に検証している。わが国においても、公共支出の地域間競争は存在しており、また今後地方分権改革が進むにつれて、そのような競争は激化するものと考えられる。わが国においても、Hatfield and Kosec (2013) と同様の実証分析を行い、地方分権政策によって地方経済が活性化されるのか否かを分析することは重要である。

注
1) 総務省（2016）、p.198 を参照。

2) 本節の議論の流れは、総務省（2016）、p.198-201 に依るところが多い。
3) 総務省（2016）、p.198。
4) 総務省（2016）、p.198。
5) 総務省（2016）、p.198。
6) 本細節の議論は Hatfield and Kosec（2013）に依るところが多い。
7) Kim et al.(1995), Huther and Shah（1998), Akai and Sakata（2002), Stansel（2005), Hammond and Tosun（2006）は、地方分権は経済成長へ正の影響を与える結果を得ている。一方で、Davoodi and Zou（1998),Zhang and Zou（1998）は負の影響を与えることを実証的に検証している。また、Boadway and Shah（2009）は、地方分権の経済成長への効果についての一連の実証研究を概観している。

参考文献

Akai, N., and Sakata, M.(2002) "Fiscal decentralization contributes to economic growth: evidence from state-level cross-section data for the United States," *Journal of urban economics*, Vol. 52, pp. 93-108.

Boadway, R., and Shah, A.(2009)*Fiscal Federalism: Principles and Practice of Multi-Order Governance*. Cambridge University Press.

Davoodi, H., and Zou, H. F.(1998) "Fiscal decentralization and economic growth: A cross-country study," *Journal of Urban economics*, Vol. 43, pp. 244-257.

Hammond, G., and Tosun, M. S.(2006) "Local decentralization and economic growth: evidence from US metropolitan and non-metropolitan regions," UNR Economics Working Paper Series, Working Paper No. 06-002.

Hatfield, J. W., and Kosec, K.(2013) "Federal competition and economic growth," *Journal of Public Economics*, Vol. 97, pp. 144-159.

Huther, J., and Shah, A. (1998) "A simple measure of good governance and its application to the debate on the appropriate level of fiscal decentralization," World Bank Working Paper Series, 1894.

Kim, S. L. (1995) *Fiscal decentralization, fiscal structure, and economic performance: Three empirical studies*, Doctoral dissertation, University of Maryland at College Park.

Stansel, D. (2005) "Local decentralization and local economic growth: A cross-sectional examination of US metropolitan areas," *Journal of Urban Economics*,

Vol. 57, pp. 55-72.
Zhang, T., and Zou, H. F. (1998) "Fiscal decentralization, public spending, and economic growth in China," *Journal of public economics*, Vol. 67, pp. 221-240.
石川達哉（2000）「都道府県別に見た生産と民間資本および社会資本の長期的推移－純資本ストック系列によるβConvergence の検証」『ニッセイ基礎研所報』第 15 号、p. 1-39。
近藤春生（2012）「動学パネルによる公的支出と地域経済成長の関係についての検証」『社会保障と財政（財政研究第 8 巻）』日本財政学会、p. 216-233。
塩路悦朗（2000）「日本の地域所得の収束と社会資本」吉川洋・大瀧雅之編『循環と成長のマクロ経済学』東京大学出版会。
総務省編（2016）『地方財政白書（平成 28 年版）』日経印刷。
中里透（1999a）「公共投資と地域経済成長」『日本経済研究』日本経済研究センター、No. 39、p. 97-115。
中里透（1999b）「社会資本整備と経済成長」『フィナンシャル・レビュー』第 52 号、p. 67-84。

第7章
ソーシャル・キャピタルと NIMBY 問題

仲林真子

はじめに

　本章ではソーシャルキャピタル（社会関係資本）と NIMBY（Not In My Back Yard）との関係について分析する。NIMBY とは社会にとってどうしても必要であるが、自分の家の裏庭にはあってほしくない施設、あるいはその施設建設に対する反対運動（NIMBY syndrome）などを指し、迷惑施設などと訳される。一方、ソーシャル・キャピタルは社会関連資本ともいわれ、人とのつながりや信頼、いわゆる地域力などを意味している。

　近年、度重なる大災害などを契機に、公共政策や公共財の供給に関して、人とのつながりや信頼関係、地域の結びつきの重要性が強調されるようになった。東日本大震災では「絆」という言葉がしばしば聞かれたが、これこそソーシャル・キャピタルの象徴とも言える言葉である。しかし一方で、原子力発電所の事故を受け、あらためて原発施設を受け入れることや原発再稼働について議論が起こった。原発事故による汚染されたがれきや土壌の受け入れ先もなかなか見つからない状態であった。誰しも困っている人や自治体を助けたい気持ちを持っている。しかし危険を伴う（かもしれない）施設や

物体が自分の家の裏庭に、あるいは自分の自治体にやってくるとなると、戸惑ってしまう。「なぜ私のところに？」というのは実に正直な気持ちであろう。これらの出来事は、まさにソーシャル・キャピタルと NIMBY 問題そのものである。

　NIMBY 問題については、仲林・朝日（2014）[1]で詳しく述べた。本章ではさらに議論を進めて、ソーシャル・キャピタルと NIMBY 問題の関係について分析する。第1節でソーシャル・キャピタルの学術的な位置づけ、第2節で先行研究のサーベイを行う。次に第3節で実際に学生を対象に行ったアンケート調査の結果をもとにソーシャル・キャピタルについて分析する。そして第4節ではソーシャル・キャピタルと NIMBY 問題の関係について考察する。

7.1　ソーシャル・キャピタルの学術的な位置づけ

　ソーシャル・キャピタルとは、Putnam（1993）によれば、「人々の協調行動を促すことにより、社会の効率性を高める働きをする信頼、規範、（ネットワーク）といった社会組織の特徴」[2]である。1990 年代から 2000 年代半ばにかけて、政治学、社会学、経済学等あらゆる分野の研究対象となってきた。しかしながら、信頼や規範、ネットワークを定量的に計測することの難しさや「社会関係資本」の定義のあいまいさから、次第に扱われなくなり、政治学や経済学の分野ではソーシャル・キャピタルに関する研究はすたれていった。一方、医療、教育、NPO 論等の分野では引き続き活発な研究が行われている。また、経済学や政治学でも近年の度重なる大災害やその後の復興、防災、高齢化や過疎化、地方分権の分野ではソーシャル・キャピタルが再び注目を集めている。

　稲葉（2016）は、社会関係資本について『「場所」と「関係」で規定される

ものを時間で積分したストックの概念』であって、『社会をミクロとマクロの双方の観点から捉え、かつ過去の歴史的経緯をも反映できるストックの概念として、社会関係資本、特に広義の社会関係資本は、オリジナリティがあり魅力的な概念である』[3]としている。

7.2 先行研究

前節で述べたように、ソーシャル・キャピタルに関する研究は医療、教育、NPO論、災害や復興、防災、高齢化や過疎化、地方分権の分野で多くみられる。ここではそれらのなかからいくつかの先行研究を紹介する[4]。

要藤（2005）は、「囚人のジレンマ」や「コモンズの悲劇」で知られているように、お互いが協調すれば協調しない場合に比べて望ましい結果が得られるので、ソーシャル・キャピタルが蓄積された社会では信頼や規範によって、自発的な協調行動が起こりやすくなるため、社会全体として望ましい結果が得られやすい。したがって、地域の経済活動や地域再生に関する取り組みに、ソーシャル・キャピタルの蓄積が影響を与える可能性があると考えられる、と指摘している。

またソーシャル・キャピタルと健康について分析したものに、相田・近藤（2014）がある[5]。相田・近藤（2014）では、1950年代のアメリカ・ペンシルベニア州において、イタリア南部の同じ村の人々が集団移住してできた村ロゼトが、周囲の地域に比べて心筋梗塞による死亡率が低かったことを例に挙げ、ソーシャル・キャピタルと健康の関連が実際に認められることを確認している。

また稲葉・吉野（2016）では、ソーシャル・キャピタルの負の面について、所得格差と関連させて次のように述べている。「所得格差が拡大し、さらに

格差が遺伝し子供が自分の経済状況を上回ることがないと思うと、人は長期的な人間関係を粗略にするようになる。その結果人は他人を信頼しなくなる。不平等が存在する社会では、人は同類とのみ付き合うようになる。そうすると自分たちの仲間内だけを信頼する特定化信頼だけが育ち、自分たちのグループ以外の人々を信頼しなくなる」。

これらの先行研究の内容を踏まえて、次節ではアンケート調査の結果を用いて、大学生のソーシャル・キャピタルについて分析する。

7.3　ソーシャル・キャピタルに関するアンケート調査

本節では大学生（19歳〜22歳）を対象に行ったアンケート調査の結果（表7-1）をもとに、ソーシャル・キャピタルについての検証結果を考察する。アンケート調査の概要は以下のとおりである。

7.3.1　アンケート調査集計結果
　調査日：2016年9月
　対象：近畿大学経済学部公共経済学受講学生
　サンプル数：100（男子78人　女子22人）
　調査票：章末付表7-1

アンケート調査では、近年住宅地に幼稚園や保育園ができることに近隣住民が反対する、といったことが話題になったことを踏まえて、幼稚園・保育園、ごみ処理施設、原子力発電所の3つのNIMBY施設に対する賛否を質問している（Q12〜Q14）。その回答の平均値は、「幼稚園・保育園」が2.26、「ごみ処理施設」が1.12、「原子力発電所」が0.7であった（平均値が高いほど賛成の程度が強いことを示している）。

第7章　ソーシャル・キャピタルと NIMBY 問題

表 7-1　単純集計結果

		0	1	2	3	平均値
Q12	町内に幼稚園・保育園が建設されるとしたら、あなたは賛成ですか？	反対 2	どちらかと言えば反対 15	どちらかと言えば賛成 38	賛成 45	2.26
Q13	町内にごみ処理施設が建設されるとしたら、あなたは賛成ですか？	反対 24	どちらかと言えば反対 53	どちらかと言えば賛成 10	賛成 13	1.12
Q14	市内に原子力発電所が建設されるとしたら、あなたは賛成ですか？	反対 52	どちらかと言えば反対 30	どちらかと言えば賛成 14	賛成 4	0.7
Q15	近所の方とお会いした時、あいさつをしますか？	しない 7	あまりしない 12	時々する 37	毎回する 44	2.18
Q16	地元に相談事や悩み事を話す相手はいますか？	いない 17	1人 14	2〜4人 51	5人以上 18	1.7
Q17	スポーツ、趣味、サークルなど地域活動（地元か東大阪で）に参加はしていますか？	全くしていない 41	あまりしていない 19	時々している 26	よくしている 14	1.13
Q18	自治会等の地縁的活動、お祭り等地域行事に参加にしていますか？	全くしていない 43	あまりしていない 28	時々している 28	よくしている 1	0.87
Q19	ボランティアや市民活動などの地域活動に参加していますか？	全くしていない 56	あまりしていない 34	時々している 10	よくしている 0	0.54
Q20	地域（地元）のゴミ出しマナーについて	悪い 3	わからない 36	良い 61	 0	1.58
Q21	地域（地元）の安全性（治安）について	悪い 11	わからない 24	良い 64	 1	1.55
Q22	あなたは他人を信頼できますか？	できない 10	わからない 14	知人ならできる 58	一般的にできる 18	1.84

Q23	親戚に信頼できる人が多いですか？	いない	少ない	やや多い	かなり多い	1.96
		8	15	50	27	
Q24	大学やアルバイトで出会う人には信頼できる人が多いですか？	いない	少ない	やや多い	かなり多い	1.91
		6	23	45	26	
Q25	今の世の中では、自分のことばかり考えて、他の人のことには無関心の人が多いと思いますか？	かなり思う	やや思う	思わない	全く思わない	0.94
		26	56	16	2	
Q26	公共の利益のためには、個人の権利が多少制限されてもやむをえないと思いますか？	全く思わない	思わない	やや思う	かなり思う	1.82
		3	25	59	13	
Q27	赤い羽根共同募金の募金金額はいくらくらいですか？	していない	10円以上～100円未満	100円以上～500円未満	500円以上	0.88
		36	42	20	2	
Q28	電車やバスでお年寄りや妊婦さんに席を譲りますか？	全く譲らない	あまり譲らない	時々譲る	必ず譲る	2.05
		5	12	56	27	
Q29	あなたは毎日の生活が充実していますか？	全くしていない	あまりしていない	ややしている	とてもしている	1.78
		2	30	56	12	
Q30	世の中を4つの階層に分けるとすると、あなたはどの階層に属していると思いますか？	最下層	やや下層	やや上層	最上層	1.42
		9	47	37	7	

　またソーシャル・キャピタルに関係する質問（Q15～Q25）については、「近所の方にあいさつをする」（Q15）、「他人・親戚・友人を信頼できる」（Q22～Q24）、「電車やバスで席を譲る」（Q28）などで、平均値が高かった[6]。
　各質問間の相関分析では、「他人・親戚・友人」に対する信頼にそれぞれ弱い正の相関がみられ、「地域の行事・スポーツ活動、ボランティア活動への参

加」にもそれぞれ正の相関がみられた。一方で、「近所の方に挨拶をする」ことと「階層意識」には弱い負の相関があった。また一般的には生活の充実感と階層意識には正の相関があるといわれているが、本調査ではそれは確認できなかった（相関係数 0.124）[7]。

7.3.2 主成分分析

次節で行う回帰分析においては被説明変数を NIMBY 施設受け入れの賛否とする。具体的には次の3つの質問に対する回答の値とする。

Q12. 町内に幼稚園・保育園が建設されるとしたら、あなたは賛成ですか？
Q13. 町内にごみ処理施設が建設されるとしたら、あなたは賛成ですか？
Q14. 市内に原子力発電所が建設されるとしたら、あなたは賛成ですか？

次に説明変数となるソーシャル・キャピタルの変数については、先行研究にしたがって、主成分分析を行い、いくつかの変数を作成する。ソーシャル・キャピタルに関する質問の回答を個々に説明変数とはせず、主成分分析を行って変数を作成するのは、多重共線性の問題を考慮するためである。

ソーシャル・キャピタル変数の主成分分析の結果が表 7-2 である。

表 7-2　ソーシャル・キャピタル変数の主成分分析結果

主成分	固有値	寄与率	累積寄与率
第1主成分	3.43704	0.2148	0.2148
第2主成分	1.62819	0.1018	0.3166
第3主成分	1.53701	0.0961	0.4126
第4主成分	1.26525	0.0791	0.4917
第5主成分	1.18383	0.0740	0.5657

Variable：第1主成分（信頼・ネットワーク）、第2主成分（互酬性の規範）、第3主成分（社会的信頼）、第4主成分（特定化信頼）、第5主成分（助け合い）

	第1主成分 (信頼・ネットワーク)	第2主成分 (互酬性の規範)	第3主成分 (社会的信頼)	第4主成分 (特定化信頼)	第5主成分 (助け合い)
Q15 挨拶	0.1793	−0.5556	−0.0571	0.0150	−0.1165
Q16 相談相手	0.2459	−0.1023	−0.0025	0.5071	−0.0583
Q17 スポーツ	0.2870	−0.0156	−0.3514	0.0244	−0.2179
Q18 地域行事	0.3466	0.2034	−0.2430	0.0777	−0.3406
Q19 ボランティア	0.3435	0.2633	−0.1821	−0.0144	−0.2947
Q20 ゴミ	0.2814	−0.0021	0.3458	−0.2086	−0.0591
Q21 治安	0.1350	−0.0025	0.4267	−0.4621	−0.1042
Q22 他人信頼	0.3622	−0.1364	0.0665	−0.0065	0.1975
Q23 親戚信頼	0.3091	−0.2281	0.1428	−0.1304	−0.0144
Q24 大学信頼	0.3104	−0.1708	0.0980	0.0927	0.3280
Q25 無関心	0.0174	−0.1640	0.3782	0.5662	−0.0767
Q26 公共利益	0.1533	0.0998	0.3542	−0.0811	−0.3138
Q27 募金金額	0.1509	0.3437	0.1683	0.2649	0.3879
Q28 席	0.1791	−0.1010	−0.1410	−0.1916	0.4901
Q29 生活充実	0.2509	0.0367	−0.3219	−0.1287	0.2376
Q30 階層	0.1574	0.5509	0.1570	0.0499	0.1420

主成分分析の結果から、5つのソーシャル・キャピタル変数を以下のように作成する。

信頼・ネットワーク
- Q17. スポーツ、趣味、サークルなど地域活動（地元か東大阪で）に参加はしていますか？
- Q22. あなたは他人を信頼できますか？
- Q23. 親戚に信頼できる人が多いですか？
- Q24. 大学やアルバイトで出会う人には信頼できる人が多いですか？

互酬性の規範
- Q18. 自治会等の地縁的活動、お祭り等地域行事に参加にしていますか？
- Q19. ボランティアや市民活動などの地域活動に参加していますか？
- Q30. 世の中を4つの階層に分けるとすると、あなたはどの階層に属して

いると思いますか？

社会的信頼

Q20. 地域（地元）のゴミ出しマナーについて

Q21. 地域（地元）の安全性（治安）について

Q26. 公共の利益のためには、個人の権利が多少制限されてもやむをえないと思いますか？

特定化信頼（個人的な信頼）

Q16. 地元に相談事や悩み事を話す相手はいますか？

Q25. 今の世の中では、自分のことばかり考えて、他の人のことには無関心の人が多いと思いますか？

助け合い

Q27. 赤い羽根共同募金の募金金額はいくらくらいですか？

Q28. 電車やバスでお年寄りや妊婦さんに席を譲りますか？

先行研究では、「社会的信頼」と「特定化信頼」を区別していないものもある。また本章では、第5主成分として「助け合い」という変数を作成している。

次に、ソーシャル・キャピタル変数間の相関係数をまとめたのが表7-3である。

表7-3　ソーシャル・キャピタル変数の相関係数

	信頼・ネットワーク	互酬性の規範	社会的信頼	特定化信頼	助け合い
信頼・ネットワーク	1				
互酬性の規範	0.308	1			
社会的信頼	0.254	0.243	1		
特定化信頼	0.230	0.116	0.084	1	
助け合い	0.207	0.229	0.108	0.062	1

いくつかの変数同士で若干相関がみられるが、各質問の相関係数（付表7-1）よりは総じて小さい値となっている。

7.4　回帰分析

本節では NIMBY 施設である「幼稚園・保育園」、「ごみ処理施設」、「原子力発電所」のそれぞれの受け入れの賛否を被説明変数とし、ソーシャル・キャピタルの各変数を説明変数として、最小二乗法により分析を行う。表7-4 は推定結果である。

表7-4　ソーシャル・キャピタルと NIMBY 施設の関係

有意水準＊＊＊1％、＊＊5％、＊10％

	信頼・ネットワーク	互酬性の規範	社会的信頼	特定化信頼	助け合い
幼稚園・保育園	0.3615＊＊＊	－0.2878＊＊	0.2984＊＊	－0.0621	－0.1884
ゴミ処理施設	0.1724	－0.1000	0.0207	－0.0362	－0.2747
原子力発電所	0.0178	0.2141	－0.0395	－0.0889	－0.1827

分析の結果、幼稚園・保育園の受け入れについて、「信頼・ネットワーク」、「社会的信頼」のソーシャル・キャピタル変数が正で有意な結果となった。また「互酬性の規範」が負で有意な結果となった。つまり幼稚園・保育園建設の受け入れは「信頼・ネットワーク」、「社会的信頼」といったソーシャル・キャピタルが蓄積されることで促進されることが示唆された。しかし一方で、「互酬性の規範」が蓄積されると、負の影響を与えることも確認された。このことは大変興味深い。

7.5 結論

　本章では、ソーシャル・キャピタルについてアンケート調査の結果をもとに分析し、ソーシャル・キャピタルとNIMBY施設の受け入れの関係について検証した。大学生を対象に行ったアンケートでは、幼稚園・保育園、ごみ処理施設、原子力発電所の3つのNIMBY施設に対する賛否の平均値は、「幼稚園・保育園」が2.26、「ごみ処理施設」が1.12、「原子力発電所」が0.7であった。またソーシャル・キャピタルに関係する質問では、「近所の方に挨拶をする」、「他人・親戚・友人を信頼できる」、「電車やバスで席を譲る」などで、平均値が高かった。また「他人・親戚・友人」に対する信頼にそれぞれ弱い正の相関がみられ、「地域の行事・スポーツ活動、ボランティア活動への参加」にもそれぞれ正の相関がみられた。一方で、「近所の方に挨拶をする」ことと「階層意識」には弱い負の相関があった。

　ソーシャル・キャピタルとNIMBY施設の関係についての分析では、多重共線性を考慮して、主成分分析を行い、ソーシャル・キャピタル変数を作成し、それを説明変数として最小二乗法により分析した。その結果、幼稚園・保育園の受け入れについて、「信頼・ネットワーク」、「社会的信頼」のソーシャル・キャピタル変数が正で有意な結果となった。また「互酬性の規範」が負で有意な結果となった。

　本章では、アンケート調査の対象者が大学生であったが、今後は対象者をより一般化する必要がある。また本章では、ソーシャル・キャピタルの負の側面については十分に分析していないが、NIMBY施設の受け入れには、ソーシャル・キャピタルの負の側面も影響を与えていると思われる。すなわちつながりが強くなることによる排他性である。このことについての分析は今後

の課題としたい。

注
1) 仲林・朝日 (2014)。
2) Putnam, R. D (1993)。
3) 稲葉・吉野 (2016)。
4) 要藤 (2005)。
5) 相田潤・近藤克則 (2014)「ソーシャル・キャピタルと健康格差」『医療と社会』Vol. 24、No. 1。
6) Q1~Q11 は属性に関する質問であるため、単純集計表からは除いている。詳しくは章末付表7-2を参照されたい。
7) 詳しくは付表7-1を参照されたい。

参考文献

Putnam, R. D (1993) Making Democracy Works: Civic Trsditional in Modern Itary, Princeton University press.（河田潤一訳（2001）『哲学する民主主義―伝統と改革の市民構造』NTT出版）。

稲葉陽二・吉野諒三 (2016)『ソーシャル・キャピタルの世界―学術的有用性・政策的含意と統計・解析手法の検証―』(叢書ソーシャル・キャピタル第1巻)、ミネルヴァ書房。

内閣府経済社会総合研究所 (2005)『コミュニティ機能再生とソーシャル・キャピタルに関する研究調査報告書』。

布施匡章 (2015)『ソーシャル・キャピタルが防災活動に与える影響に関する実証分析―震災関連3都市住民のアンケートを用いて―』地区防災計画学会誌第4号。

要藤正任 (2005)「ソーシャル・キャピタルが地域の経済成長を高めるか？―都道府県データによる実証分析―」『国土交通政策研究』第61号。

仲林真子・朝日幸代 (2014)「負の公共財としてのNIMBY問題」西本秀樹編著『地方政府の効率性と電子政府』(龍谷大学社会経済研究所叢書)第5章、日本経済評論社。

付表 7-1　アンケート調査票

記入日：平成 28 年 9 月

	幼稚園・保育園	ごみ処理施設	原子力発電所	挨拶	相談相手	スポーツ	地域行事	ボランティア	ゴミ	治安
幼稚園・保育園	1.000									
ごみ処理施設	0.360	1.000								
原子力発電所	0.117	0.326	1.000							
挨拶	0.261	0.059	-0.255	1.000						
相談相手	0.118	0.030	0.061	0.203	1.000					
スポーツ	0.123	0.024	-0.065	0.148	0.237	1.000				
地域行事	0.036	0.007	0.029	0.160	0.234	0.400	1.000			
ボランティア	-0.039	0.025	0.091	0.055	0.207	0.352	0.628	1.000		
ゴミ	0.114	-0.019	-0.055	0.213	0.084	0.057	0.245	0.289	1.000	
治安	0.123	-0.040	-0.075	0.002	0.008	-0.041	0.019	0.092	0.341	1.000
他人信頼	0.355	0.103	0.059	0.225	0.267	0.284	0.223	0.262	0.267	0.151
親戚信頼	0.224	0.069	-0.044	0.242	0.156	0.301	0.210	0.177	0.197	0.270
大学信頼	0.201	0.078	0.101	0.152	0.238	0.141	0.121	0.226	0.240	0.050
無関心	-0.117	-0.051	-0.179	0.112	0.226	-0.106	-0.013	-0.101	0.115	0.006
公共利益	0.237	0.098	0.130	0.069	0.086	0.071	0.131	0.103	0.251	0.165
募金金額	-0.176	-0.063	0.050	-0.124	0.138	0.006	0.169	0.141	0.160	-0.025
席	0.028	-0.150	-0.160	0.248	0.048	0.170	0.101	0.084	0.168	0.061
生活充実	0.280	0.205	0.146	0.082	0.162	0.214	0.315	0.220	0.129	0.002
階層	-0.118	-0.087	0.103	-0.334	0.078	0.067	0.194	0.245	0.136	0.113

	他人信頼	親戚信頼	大学信頼	無関心	公共利益	募金金額	席	生活充実	階層
幼稚園・保育園									
ごみ処理施設									
原子力発電所									
挨拶									
相談相手									
スポーツ									
地域行事									
ボランティア									
ゴミ									
治安									
他人信頼	1.000								
親戚信頼	0.368	1.000							
大学信頼	0.474	0.433	1.000						
無関心	0.035	0.046	0.075	1.000					
公共利益	0.160	0.158	0.058	0.019	1.000				
募金金額	0.107	0.037	0.148	0.077	0.126	1.000			
席	0.200	0.094	0.114	-0.106	-0.059	0.208	1.000		
生活充実	0.276	0.141	0.263	-0.176	-0.043	0.026	0.196	1.000	
階層	0.155	0.057	0.075	0.010	0.147	0.287	0.033	0.124	1.000

付表 7-2　アンケート調査票

記入：平成 28 年 9 月

　公共施設に関するアンケート調査にご協力をお願いいたします。この調査は、仲林の研究の一環として、また本講義の後半で調査結果を活用する目的で行うものです。調査は無記名で、協力を強制するものではありません。また成績評価には一切関係ありません。

　調査結果は研究以外の目的には使用いたしませんし、個人情報等につきましては、近畿大学個人情報保護基本規程を遵守します。どうぞよろしくお願いいたします。

アンケート調査票

　当てはまるところにご記入もしくは〇付けて下さい
1. 性別：　　男　　　女
2. 年齢：（　　　）歳
3. 兄弟・姉妹の数（　　　）人兄弟・姉妹
4. 出身地　（　　　）県　（　　　）市
5. あなたの保護者の出身地は 4 のあなたの出身地と同じですか？　　　同じ　　　違う
6. あなたの前期末までの専門科目の成績の平均点は何点ですか？　（　　　）点
7. 出身学校　　　　小学校　：　公立　　　私立
　　　　　　　　　中学校　：　公立　　　私立
　　　　　　　　　高校　　：　公立　　　私立
8. これまでに経験した習い事（主なもの）
　習い事をしたことはない＝ 0
　そろばん・習字＝ 1、水泳・英会話＝ 2、ピアノ・バレエ・バイオリン＝ 3、
　その他（　　　）
9. これまで飼ったことがあるペット
　飼ったことはない＝ 0
　金魚など（魚類）＝ 1、ハムスター・小鳥＝ 2、小型犬・ネコ＝ 3、大型犬＝ 4、
　その他（　　　）
10. 実家について
　（賃貸・集合住宅＝ 0、賃貸・戸建＝ 1、持ち家・集合住宅＝ 2、持ち家・戸建＝ 3）
11. 実家の表札について
　（掲げていない＝ 0、名字のみ＝ 1、戸主のフルネーム＝ 2、家族全員のフルネーム＝ 3）
12. 町内に幼稚園・保育園が建設されるとしたら、あなたは賛成ですか？
　（反対＝ 0、どちらかといえば反対＝ 1、どちらかといえば賛成＝ 2、賛成＝ 3）
13. 町内にごみ処理施設が建設されるとしたら、あなたは賛成ですか？
　（反対＝ 0、どちらかといえば反対＝ 1、どちらかといえば賛成＝ 2、賛成＝ 3）

14. 市内に原子力発電所が建設されるとしたら、あなたは賛成ですか？
　　（反対＝0、どちらかといえば反対＝1、どちらかといえば賛成＝2、賛成＝3）
15. 近所の方とお会いした時、あいさつをしますか？
　　（しない＝0、あまりしない＝1、時々する＝2、毎回する＝3）
16. 地元に相談事や悩み事を話す相手はいますか？
　　（いない＝0、1人＝1、2〜4人＝2、5人以上＝3）
17. スポーツ、趣味、サークルなどの地域活動（地元か東大阪で）に参加していますか？
　　（全くしていない＝0、あまりしていない＝1、時々している＝2、よくしている＝3）
18. 自治会等の地縁的活動、お祭り等地域行事（地元か東大阪で）に参加にしていますか？
　　（全くしていない＝0、あまりしていない＝1、時々している＝2、よくしている＝3）
19. ボランティア活動や市民活動などの地域活動（地元か東大阪で）に参加していますか？
　　（全くしていない＝0、あまりしていない＝1、時々している＝2、よくしている＝3）
20. 地域（地元）のゴミ出しマナーについて
　　（悪い＝0、わからない＝1、良い＝2）
21. 地域（地元）の安全性（治安）について
　　（悪い＝0、わからない＝1、良い＝2）
22. あなたは他人を信頼できますか？
　　（できない＝0、わからない＝1、知人ならできる＝2、一般的にできる＝3）
23. 親戚に信頼できる人が多いですか？
　　（いない＝0、少ない＝1、やや多い＝2、かなり多い＝3）
24. 大学やアルバイトで出会う人には信頼できる人が多いですか？
　　（いない＝0、少ない＝1、やや多い＝2、かなり多い＝3）
25. 今の世の中では、自分のことばかり考えて、他人のことには無関心の人が多いと思いますか？
　　（全く思わない＝0、思わない＝1、やや思う＝2、かなり思う＝3）
26. 公共の利益のためには、個人の権利が多少制限されてもやむをえないと思いますか？
　　（全く思わない＝0、思わない＝1、やや思う＝2、かなり思う＝3）
27. 赤い羽根共同募金の募金金額はいくらくらいですか？
　　（していない＝0、10円以上〜100円未満＝1、100円以上〜500円未満＝2、500円以上＝3）
28. 電車やバスでお年寄りや妊婦さんに席を譲りますか？
　　（全く譲らない＝0、あまり譲らない＝1、時々譲る＝2、必ず譲る＝3）
29. あなたは毎日の生活が充実していますか？
　　（全くしていない＝0、あまりしていない＝1、ややしている＝2、とてもしている＝3）
30. 世の中を4つの階層に分けるとすると、あなたはどの階層に属していると思いますか？
　　（最下層＝0、やや下層＝1、やや上層＝2、最上層＝3）

第8章
地方分権、不正行為およびアカウンタビリティ：
政治経済からの考察と日本のケース

Werner Pascha（西垣泰幸訳）

はじめに

　近年、政府部門の重要な課題として、人々のニーズや選好に沿った組織づくりをしていくことが挙げられる。アベノミクスと呼ばれる取り組みの一環として経済成長の基礎を改善させるための堅実な土台を築こうとしている日本にとっても、これは重要な課題である。
　このために、経済学者らによって考えられた重要な手段の1つが地方分権である。これは、地域の経済や社会の事情がある程度均一であるといえるならば、より小さい集団のほうが人々のニーズに応えることができるという直感に基づいている。また同時に、公共財供給の規模の経済といった、それらを相殺する要因も存在する。分権的財政システムに関する従来の文献は、どの水準の政府が公共財供給に適切かという問題に焦点を当ててきたが、それは経済のパフォーマンスや所得の分配のような他の経済変数へも大きな影響を与える。
　しかしながら、地方分権のメリットとデメリット（pros and cons）はガバナンスの政治・経済的問題に大きく依存することも経済学者らは指摘している。

そして、それには国家および地方の政治家のアカウンタビリティや、汚職などの権力の誤用の可能性が含まれる。このことに関して、政治経済の観点からいえば、Lockwood（2006：p. 33）は、「政府の行動をモデル化するための体系的な試みのためには（中略）、選挙や議会といった制度やプロセスを考慮に入れ（後略）」ることが必要であるとしている。このような視点から、分権的財政に関するいわゆる「第二世代」の文献[1] (Literature on Second Generation Theory) の観点から研究をすすめる人もいる（たとえば Bardhan, Mookherjee 2006：p. 162が挙げられる）一方で、ガバナンスに関するデータを得ることがより難しいことや、研究の支援をする公的機関や超国家的機関が政策研究をより重視することなどから、多くの人がまだ研究にガバナンスの観点を持ち込むことは困難であると考えている。

　この論文では、地方分権における直感的利益 (intuitive benefits) を強めたり弱めたりする主要な要因である、アカウンタビリティと不正行為に焦点を当てながら、地方分権の政治経済的観点を明らかにすることを目的としている。

　第2に、この議論を日本にも当てはまると考えられる主要なケースに適用することを目指している。これに関しては、また、いわゆる「補完性の原理」(Principle of subsidiarity) といわれる、地方分権の政治経済学的メリットやデメリット (pros and cons) に関するヨーロッパ特有の視点についても言及する。日本が一層の地方分権化を進めるべきか否かを詳細に評価するためには、本論文の視角は十分に広いとはいえない。しかしながら、特に日本にとって重要である論点や、この分野の専門家や政治家が日本の更なる地方分権化を考慮する際に反映されるべき重要な論点については明確にしたい。

　この論文の構成は以下のとおりである。はじめに、アカウンタビリティと起こりうる汚職の可能性の重要な役割を強調しながら、地方分権に関するメリットとデメリットに関する理論の概略をまとめる。また、地方分権の国際

的な経験や証拠について検討するが、それぞれの国の特有の発展経路や、経済社会的環境がそれぞれ異なることから、決定的な結論を下すことは困難である。その後、日本に視点を移し、日本の中央集権と地方分権に関する歴史や経緯の概要とともに日本のケースを論じる。先に示された政治経済理論と、日本のケース特有の特徴の両方を見ていくことによって、日本の地方分権をさらに進めるべきかどうかを議論するための重要な課題を明らかにしたい。

8.1　理論的なケース：どのような場合に地方分権が望ましいのか

　地方分権が望ましい基本的な状況は、広範囲の非同質的な自治体と比較して、地域的な行政単位がより良く、より効果的に住民の特色や選好といった、狭い地域の特異性に対応できるという考えに基づいている。この「地方分権の理論」は、先駆者の間でも特に、Oates（1972）において強く主張されている（Lockwood 2006, Boffa et al. 2016：p. 382）。これは、外部性（externalities）が存在しないことに依存している。もし地方財政に強いスピルオーバー効果が働くなら、地方分権のメリットは弱まるであろう。また、公共財供給に規模の経済が働く場合には、地方分権の純便益は低下する。これらの注意事項を念頭に置けば、同質的な選好を持つ小さい地域が公共財を提供することには、経済的な合理性がある。

　国家の規模の長期的な拡大傾向は、また別の問題であることに留意しておくべきである（Alesina and Spolare 2003）。このことから、強い選好の同質性とその他の条件が、国家の地方分権につながるのか、それとも、大きな国の崩壊（break-up）が導かれるのかという未解決の問題につながる。この問題は、たとえば防衛のような重要な公共財における規模の経済が、分権的な小地域により効果的に提供されるその他の公共財の利益を上回るかどうかに強く影

響される。しかし、ここでは国境の変更の可能性には興味がないので、この視点にはこれ以上触れない。

地方分権に関する伝統的な理論から離れ、中央集権および地方分権の持つ「便益」や「満足」、「効率性」の利益が、実際には何を意味するのかを考慮することは有用である。考慮されなくてはならないのは、狭い意味の経済利益だけでないことは明白である。最近の研究によれば、以下の諸点に言及することができる（Martinez-Vazquez et al. 2015）。

・経済成長への影響
・マクロ経済的安定性および財政的持続可能性への影響
・所得分配の不平等および貧困への影響
・地域間格差への影響
・政府の規模および公共政策への影響
・ガバナンス、政府のアカウンタビリティ、不正行為への影響
・社会資本及び租税負担意欲への影響
・投票参加率、政党制の国有化、国家の結束への影響

一般的に、政治的に期待される帰結は、経済効率と、結局、経済成長の利益といった最初の点に関連している。しかしながら、さらに考察を進めると、さまざまな目的間の衝突や緊張状態が発生する。たとえば、経済成長と所得分配の不平等や地域間格差との間にトレードオフが生じる。たとえば、地理的状況がより有利である地域は、地方分権を通じて、それ以外の地域と比較して新しい経済成長の機会や経済面において多くのものを得る。このような場合には、地方分権が新しい経済成長の機会創出のための政策手段になるか否かは明確でない。ある研究者は、パレート効率性基準に言及し、「他の地域

第8章　地方分権、不正行為およびアカウンタビリティ　173

が悪化しないなかで、1つでも利得が増加する地域があれば、地方分権は好ましい」と論じるであろうし、また、別の学者は、補償原理にしたがって、「得をした人々が損をした人に補償できるのであれば、すべての人に純利益が与えられ、地方分権を選ぶべきだ」と論じるかもしれない。しかしながら、国の政治的論争においては、結局、政策的にどちらが選ばれるかわからない。

　それは、特に、損をする可能性のある人が、「可能性としての所得補償」を信じられるかどうかばかりでなく、現実に所得が補償されることを期待できるかどうかによって決まる。このような期待は、それぞれの地域間での連帯意識とその国の歴史的経緯に基づいて形成されるが、それは、その国やさまざまな地域、社会階層の間で、選好や境界がどのように発展してきたかにも依存している。

　このことは、上記のリストの中にある政治経済的要因の重要性を示している。とりわけ以下の2つの事項が重要となる。第1に、これらは他の要因と相互に影響しあい、相互に修正しあうが、そのことはそれらを実証的に分離させることを難しくしている。このことに関しては後述する。第2に、これらは地方分権の望ましさを決定的に左右する、非経済的な政策目標と選好に関連する。以下では、これらの2点に関してみていく。

　まずは経済のパフォーマンスと政治経済的要因の相互作用について述べる。これは善良な政府[2]（Benevolent Government）という虚構を捨て、政治家や官僚の私利的な行動が考慮されたときに特に問題となる。これについては、プリンシパル＝エージェントの枠組みにおいて検討することがよいであろう。エージェントとしての政治家や官僚は、プリンシパルとしての住民の望む公共財を提供することを期待されるが、彼らは住民とは異なる自分本位の目的を持っている。したがって、問題は、プリンシパルである住民にとって、エージェントである政府を監視し、制御するためには、小さい地域政府か、高度

に集権化された中央政府のどちらがより簡単でより効果的かということである（Bardhan and Mookherjee 2006：p. 164）。従来の議論では、プリンシパルである住民は、地方レベルの政府からのほうがより多くの情報を得られるとされており、エージェントをより制御しやすいとされている。

　しかしながら、エージェントである政府が、本当に情報をオープンに提供し、歪みをもたらさない方法で提示することへの圧力を感じるかどうかは明らかではない。例として、中央から地方への権力の階層的な構造が、地方政府のアカウンタビリティを不明瞭にすることがあげられる。具現化した問題が地方権力による管理ミスなのか、それとも高次の政府の失敗なのか、あるいはその他の要因によるものなのかが、住民にとっては明らかでなくなるだろう。地方政府が身近な存在であるからといって、このような問題や状況証拠に対する監視が容易になるとはいえない。

　この状況において、地方政府の情報優位が本当に実現されるかどうかは、地方政府に圧力をかける追加的な力があるかどうかに依存している。いずれにせよ、これはアルバート・ハーシュマン（Albert Hirshman）が指摘した、「声」と「退出」（Voice or Exit）の概念に関連するものである。すなわち、たとえば、行政に対する不満が、選挙などの効果的なコミュニケーション手段を通して解消されるかどうか、あるいは、それがかなわない場合にはこの個人が退出（引っ越し）するおそれを伴う競争的な圧力があるかどうかに依存している。選挙を通じて生じる内部の競争的圧力は、選挙が適切に機能するかどうかや、政党の役割、法的管理などに依拠する。

　よく組織された利益グループが政治的に利益を得る可能性は、国家レベルよりも地方レベルのほうが高いといえる。興味深いことに、この考えの本質は既にマディソン（J. Madison）の有名な1787/88年の『ザ・フェデラリスト』（*Federalist Papers*）に含まれている（Bardhan and Mookherjee 2006：p.

169)。国家レベルでは、利益団体間の競合や勢力の打ち消しあいが多く存在するが、地方の利益団体が他の団体から受ける影響は小さい。たとえば農村のコミュニティでは、組織的な農業の利益団体よりも大きいものは他にはないので、農業団体とは異なったアジェンダを持つ、工業や金融といった利益団体の存在する国家レベルよりも比較的強い影響力を持つ。地方における影響力（Local capture）の可能性に影響する関連変数には、民主的メカニズムのコントロールに関する政治的意識や利益のレベルや、可能な不正を報道するメディアの役割などがある。

　これらの事柄にあたって、3点の問題を順に取り上げたい。第1に、上述した公共機関の特性が地域により異なる場合は、どのような結果になるのかということに焦点を当てたい。第2に、主に選挙などの政治的競争の中で、地方分権化された政府間の競争がアカウンタビリティに与える役割をみる。第3に、地域間を移動可能な生産要素の、空間的可動性を通じて検討する。

　最初に、制度的特性の差異に関して取り上げる。問題の複雑さは Boffa, Piolatto and Ponzetto（2016）による典型的なモデルから理解できる。彼らは2つの仮説を置いて、中央集権と地方分権の構造における公共財の対策について研究している。その仮説とは、地方分権の理論が構築された伝統的な必要性の観点から、公共財の選好に地域的な違いがあるが、同時に政府に対する監視においても地域的な差異が存在するというものである。後者のような、制度上の特性における前述した差異と解釈できるアカウンタビリティのバリエーションは2つの特徴によってもたらされている。

　その1つは、有権者の情報における差異であり、2つ目は、政府にとって自分の利益につながるインセンティブがあるかどうかである。より多くの情報がもたらすアカウンタビリティが高いほど、再選を追求するインセンティブは小さくなり、したがって、レントシーキングのインセンティブも高くなる。

最初の影響はより強く、それによりモデルは従来の予想から大きく逸脱しているようには思えない。

しかし、もし選好と情報の地域的非同質性がこのモデルの中で考慮されるとすれば、予想に反して特に興味深い結果が現れる。中央集権のスキームでは、政治家は民衆の「通知性」(Informedness)の平均的水準に対応して政策を採用するようになる。そのことは、獲得可能なレントを下げることになり、すなわちそれは公共財供給の効率性を高めることになる。同時に、中央政府の政治家が地域に財を割り当てる際に裁量権を持っている場合、より情報の少ない地域を不利に扱う。そのことは、全体的な社会厚生を下げることになる（前掲, p.384）。中央集権化された政府のもとでは、さまざまな地域の選好に合わせるために、裁量は賢明な案に思われる一方で、全体としての効果はネガティブなものになる。鍵となる変数は、政府のサービスが均一なものであることが要求され、また、それが強制されるかどうかである。その場合には、悪化効果は働かず、中央集権化の効率性が実現される。しかしながら、それは中央政府がさまざまな地方の非同質的な選好には反応できないことを意味している。

これは、異なった地域の情報特性によって選好の地域差が生じている場合、地方分権とは反対に、画一的な公共財提供を伴う意思決定の中央集権化が優れたものとなる。言い換えると、地方分権はむしろドイツのように同質的な制度や情報のプロパティを持つ国にとってふさわしく、イタリアのように制度上の差異が大きい国には向かない。

次に、競争の役割に移ろう。最初に地域レベルでの「声」の影響をみる。民主主義に関しては、有権者が税負担や公共財の提供などを他の地域と比較し、それに応じて、政府活動を評価したり、批判したり、そして、最終的に良いパフォーマンスを示す政治家を選挙で選ぶことを期待している。した

第8章　地方分権、不正行為およびアカウンタビリティ　177

がって、自身の環境を他人と有効に比較できるヤードスティック競争の概念は、決定的に重要である。そのような競争はまた、先に論じたような制度上の環境条件によるところが大きい。その条件には、地域で得られる情報の確実性や深さ、そのような情報を伝えるメディアの地位、問題点の多い事案の解決をする法廷の役割、地方の既得権に関する利益団体による影響力の強度などがあげられる。

　地域や地方の競争の増加による潜在的な利益は、単純に選挙により選択するケースよりも大きくなる。たとえば、斬新な考えを持っている独立した立候補者が、政界へ入るための代替的なルートを提供されることになり、またことによると、後に国家レベルの政界へと移行するかもしれない。このことはまた、逆にも作用する。国家政党の支援が、多少とも陳腐な地域的な政治状況を活気づけることになる（Faguet 2011：p. 7）。これらのメカニズムにおいて鍵となる背景要因は、政党制度の関数である。

　最後に、競争が「退出」という選択にまでおよぶことの重要性の観点から考察する。すなわちそれは、移動可能な生産要素が地域を離れる恐れがあるということの重要性である。積極的に捉えるならば、移動可能な生産要素を新たに他地域から迎え入れ、地域を強化することができるともいえる。移動可能な生産要素のなかで、企業がどこに立地するかという意思決定が最も重要になる。なぜなら、資本は通常労働者よりもかなり移動しやすいからである。

　しかし、労働者や大量の人口の地域間移動にもまた限界がある。一見したところ、少なくとも移動の境界線が低いことがそのような競争を促進し、地方の政治家や官僚を規律づけるのに好都合な効果を促進する。同時に、そこには対抗する力がある。それは、会社設立のような、移動可能な生産要素を優遇するために、移動不可能な生産要素を犠牲にしようとするインセンティ

ブが地方政治家に働くことである。したがって、地域間の競争は、居住人口の大部分のような事実上移動不可能な生産要素からのレントシーキングを増加するかもしれない。極端な場合には、政治家が、後進地域には移動性生産要素を惹き付けることができず、彼らのパフォーマンスを発展させるための機会を見いだせない場合、彼らは完全にビジネス誘致の政策に興味を失い、代わりに移動不可能な生産要素である人口からレントをとることに焦点を当てるかもしれない。それには、広範囲に渡る不正行為も含まれる。

　さらに、ビジネス誘致の政策はマイナス面を持つこともある。地方政府は、意味のある規律を無視して、負の外部性を強化しながら、企業誘致のために過度に有利な条件を提供するかもしれない。そして、最悪の場合、「底辺への競争[3]（race to the bottom）」を始めるかもしれない（Bardhan and Mookherjee 2006：p. 166; Cai and Treisman 2004）。皮肉なことに、地方分権の利益が完全に発揮されるためには、当該ルールに関する地方のコンプライアンスの組織だった監視を含む、共通のルールと手続きにおける国家レベルの強制力が決定的に重要になるだろう。

　ここで、地方分権における経済および政治の影響が、どのように相互に関係するのかという最初の問いに議論を戻し、今度は、分析的な論点から規範的な論点に話を移そう。これは、ここでは地方分権がアカウンタビリティを増加させるという利点を、公共財提供に関する経済性や、特に、効率性を上げるという面から検討しないということを意味する。なぜならばそれは、アカウンタビリティの向上自体が価値を持っているからである。最も妥当な標準的概念は、「補完性の原理」（Principle of Subsidiarity）である。つまり、それは最も下位に位置するリーズナブルな主体に、特定の仕事の責任を付与することが望ましいという判断をすることである。これには、自己決定能力、共同事業における個々の責任、および、自由な発展のための能力を強化するこ

第 8 章　地方分権、不正行為およびアカウンタビリティ　179

とが想定されている。この考え方には宗教的ルーツがある。つまり、キリスト教徒は自己の自由と責任を重視する（Sachße 1994）。これは、16 世紀の宗教改革と特にカルバン派の動きによってもたらされ、後にカトリック教会の社会教育に組み込まれた。

　この背景を別にしても、1985 年の地方自治体に関するヨーロッパ憲章に加盟することにより、下位自治体への権限移譲はヨーロッパ統合の過程において特に重要になっている。なぜならば、EU 加盟のレベルと、EU と加盟国との関係性に応じて、連合により排他的な能力が存在しない限りは、「特定の行動が加盟国政府によって十分に遂行できない」、または「その規模やその有効性といった理由から」、「連合によってより効果的に実施される」（Treaty on European Union Art. 5 (3)、European Parliament, undated から引用）場合には、より上位の機関の責任、つまり EU レベルのガバナンスが行われるべきという規定が適用されるからである。したがって、ある程度技術的・経済的な、あるいは、高邁な政治規範の基準に対して一定の「重み」付けをする傾向がある。

　そして、たとえ特に弱い地域や、財政均等化の移転が権限移譲（subsidiarity）のために必要な地域に対しても、地方分権の"生存能力に保証を与えるため"、参加型民主主義や個人および少数派の利益の尊重などの概念が付け加えられた（Dafflon 2006：pp. 290-293）。EU 協定の項目では極めて曖昧になっているが、法学者らはある程度楽観的に、いわば「声」とも解釈できるさまざまな要望を重視するための、条約に規程された手続きが、権限移譲の要求を十分有効にしていると考えている（Streinz 2014）。その手続きとはすなわち、「権限移譲の要求」や、「欧州司法裁判所への提訴」を EU に請求することである。それにもかかわらず、一方にある権限移譲に対する規範的な要求と、もう一方にある中央集権の経済効率性をあきらめることを、秤にかけること

が難しいことは明白である。

8.2 実証的証拠：日本のケースの考察

　ここでは、地方分権への期待をはじめ、上述した議論が実証的証拠により証明されるか否かについて論じる。これは、日本に対するヨーロッパの経験からの含意であるとともに、日本のことをより深く研究するためにも役立つ。

　残念ながら、実証的証拠について調査している人の多くは、実証的証拠は一般化が容易ではなく、またさまざまな要素が混在していると考えている(たとえば Bardhan and Mookerherjee 2006：pp. 163-164)。ケーススタディは、そのケースの背景の特殊性から、一貫性のない結果になるものが多く、矛盾した結果になることさえある。たとえば、ロシアにおける地方分権では、地方の有力者がその地域からレントを搾取することに集中することから、アカウンタビリティの効果はむしろネガティブなものになることがよく指摘されている。しかしながら、中国の例では、地方分権がより良いガバナンスをもたらすための地域間の競争の強化に成功しており、その結果、付加価値の増加に役立っていると考えられる。このようなケーススタディには、それぞれの国に付随する条件が、その結果に重要な影響を与えると思われる。もしそうであるなら、その場合、パネルデータを用いた研究による、国際的な数量的検証が求められよう。

　そのような多数の国（ n 国）に関する数量的な検証は、また、明確な結論にはつながらない。検証に関連する変数を特定する時点で、問題は既に始まっている。「不正」(corruption) の概念を導入する場合、「不正」自体が簡単に測れるものではないことから、さまざまな定義が可能になる。たとえば、たびたび行われていることではあるが、「不正」は「不正の認知件数」や、「収

賄行為」に容易に置き換えることはできない。「収賄行為」は誤解を与えやすい概念であり、日本を含め、それが伝統的に社会的に許容されている贈与の交換か否かを見分けることがとても難しいという国もある。また、「不正」は推測するのが難しい。社会の高い次元で行われる構造的な不正は、政治をレント抽出の利益へと傾斜させるものであり、また、警察官の買収といった小規模の不正とはかなり異なるものである。日本が相当な不正の構造を持つ国であると多くの学者が論じる一方で、認知件数に基づく調査においては、小規模な不正はとても珍しく、高い評価を得るほどである。

　"分析の方程式"にとってもう１つの重要概念である「地方分権」には、注目すべきさまざまな種類が存在する。すべての権力を下位政府に渡すという「権限移譲」や、中央政府が権力すべてを移譲するわけでなく、仕事をいくつか割譲するという「委任」などがある（Dafflon 2006：pp. 292-293）。最後に、財政の地方分権化については、財政の関係性に関するものがしばしば注目を集めるが、制度的メカニズムに着目した政治的および官僚政治的地方分権の概念も重要である。制度化された詳細事項は、かなり結果に影響することが示されている（Voigt and Blume 2012）。垂直的な政府構造は、近年より複雑になってきている（Oates 1999：p. 1145）。したがって、地方分権は、一次元や二次元の変数として簡単に扱えるものではない。

　この分析上の"迷路"を抜け出す方法のひとつが、１国に対するＮアプローチ（large-N approach）である。これは、いくつかの国を多数の観点から、厳密に、深く、そして、もし可能なら数量的に研究するというものである。ここで日本のケースをみてみると、先に述べた通り、私たちは地方分権におけるアカウンタビリティの役割を評価するために重要な考察をいくつか明らかにしており、そして、日本に関する少なくとも予備的証拠（preliminary evidence）を提示している。この予備的証拠は、最善の場合、日本の研究を更に進める

ための指針となり得るだろう。

国家の制度と地域の特徴を評価する考察は以下のものを含む。
1. 不透明（in-transparent）なネットワークの普及
2. 選挙の制度
3. 中央政府の統率（supervision）
4. 移動性
5. 情報開示
6. 法廷システムの役割
7. メディアの役割
8. 市民社会（civil society）の役割

8.3　地方分権の枠組みにおいてアカウンタビリティに影響する諸要因：日本の考察

上記のリストについて論じる前に、日本における地方分権を少しみておくところから始める。これは歴史的な文脈をみていく際に役立つばかりでなく、歴史的経緯（trajectory）が、現代の形式的または非形式的な慣習にまだ影響を及ぼしている行動や、その行動の予測における特定の経路依存性も規定している（North 1990 参照、とりわけ機構および組織（institutions and organizations）の名残が果たす役割について）。

日本が中央集権の名残を強く持っていることは、しばしば指摘されている。1868年の明治維新以降、日本政府は国家の統一を守ることを優先事項の1つとしてきた。政府組織は、現在もその方針に従っている。それにもかかわらず、内政問題が幕府による封建的な地域の管轄の中に残っていた19世紀半ばごろまでの強いルーツと共に、地域は常に著しい独自性を持っている。

戦後の日本国憲法は、地方自治を県と地方自治体にゆだねることを地方自治法の中に明記している。それにもかかわらず、中央政府、現在の総理府は、人事のコネクションと財政の垂直移転（vertical fiscal transfers）によって、地方にかなりの影響力と権力（power）を持っていた。これは今なお健在であり、このことにより中央政府は大きな自由度を確保している。

　近年、より多くの地方の裁量権（self-determination）を望む（規範的な）声に応えるため、また効率性および財政上の効果を考慮して、さらなる地方分権を訴える声がより目立つようになった。2000年の地方分権一括法は、地方政府へより多くの行政事務を委任した。また、2000年半ばのいわゆる「三位一体改革」によって、地域の財政状況がさまざまな方法で改善された（簡単な概要はSasaki 2014を参照されたい）。最近では、地方分権を検討することは大きな努力課題となり、都道府県を越えて道州制（regional states）を創る計画案も再浮上している（この観点についてはPascha 1999a参照）。最近の安倍政権はまた、拡大「アベノミクス」政策案のなかに、地域創生事業を盛り込んでいる。

　それにもかかわらず、いま一歩「キメテ」（decisive steps）に欠ける印象が否めない。文化庁を京都に移転するという2016年の取り決めや、移転に関する慎重な検討（たとえば朝日新聞2016年3月23日に記載）は、やはり「シンボル的な政治」（symbol politics）に留まり、ここで議論している地方分権の制度的な政策の一案とは呼びにくいものである。

　地域レベルまたは国家レベルのどちらにおいて、汚職や収賄行為がより蔓延しているかを確かめることはとても困難であるが、まず最初に地方政府のアカウンタビリティと汚職問題の広がりについて、更に検討を深めたほうがいいだろう。日本の地域間において明確な差異があるか否かを分析することには、大なり小なり困難が伴う。分析を困難にしている（analytical void）最大

の理由は、当然ながら、正しく、信頼できるデータが欠けていることにある。国家レベルと県および地方自治体の比較検討をするためには、汚職事件に関して公的に得られる情報が、実証的に正確な分析をするには不十分である。利用可能なデータを多く持っていたとしても、どの情報が公的に得られるものなのかについての強いバイアス（strong bias）がかかってしまう。

　報道されていない事例の数は、地域間において、また、地域と国家レベルの間においてかなり異なっている。もし地域間での不正の傾向に確かな大きい差異があるとすれば、それはすなわち、最も汚職の多発する傾向のある地域において、公表する汚職事件を少なく報告するようなものである。したがって、公開された数字に基づいて研究することは無意味になる。

　このような状況において、実際の状態については、「主観的な解釈」をしなければならない。たとえば、国際的に活動する法律事務所の東京支店に勤める Yoshida and Park（2016）によれば、「汚職は、20年前には日本の政治的およびビジネスにおける特徴として広く知られていたが、現在では、もはやそのようなことない」と述べている（第1章末より）。興味深いことに、彼らはまた、例を挙げながら、「まだいくつかのケースが残っているが、しかしそれらはより地域的かつ低次の政府のレベルにおいて起こっている」と論じている（脚注13）。

　これには理由がある。それは、三位一体改革がより多くの財政上の自治権を地方政府やその下部機関、特に、都道府県知事や市町村長に与えたことである。地方議会は、チェック・アンド・バランスの機能を期待されていたが、それは大抵かなり弱いものと考えられ、このことが都道府県知事と市長とに新たな手段を与えることになり、したがって、新しいアカウンタビリティと汚職の問題が浮上しているのである（Schulz 2009：p. 96）。

　このような背景のもとに、上で述べたリストをみていきたい。

8.3.1 不透明（intransparent）なネットワークの普及

　日本が集団志向型（group-oriented）の社会であることは、一般的な見解となっている。そこでは、長期継続的な個人対個人本位のネットワーク（person-to-person oriented network）が、社会の相互関係にとって、他の多くの国々よりも重要である。このようなネットワークの存在が、明らかにアカウンタビリティに関する問題を強めている。国家レベルでは、保守的な政治家達や、内閣の官僚、大企業の間において、緻密で相互に支え合ういわゆる「鉄の三角形（iron triangle）」が存在することが知られていたが、これは、「失われた10年」と呼ばれる低経済成長の問題や、そこにおいてお互いに対する不満、そして責任を押し付けあうスケープゴート化（scapegoating）のなかで、最近の20年間において次第に崩壊していった。

　一見したところ、少なくともまだ地方では、そのより伝統的なライフスタイルから、個人間のネットワークの名残が強く残っていると考えられる。確かに、工事契約において「制度的に行われる」不正入札（bid-rigging）の談合（dango）システムは、地方では「鉄の三角形」との関連が残っていることから、まだ存在しているといわれている（Feldhoff 2005）。単純なグラフィカルモデルでは、汚職の環境がかなり頑固に残っていることが示される。不正を働く主役のシェアには多少の変化があったが、「低次の汚職性均衡」からも「高次の汚職性均衡」からも抜け出すことができないでいる（Pascha 1999b）。

　2011年の東日本に起こった3つの災害（triple disaster）によって、危険な核施設を誘致し、生命に危険が及ぶほど海に近い地域に家を建てることに関して、地域的集団決定のネットワークがいかに強かったかが再認識されるようになったことは、驚くべきことであった。地域住民も、利益、つまり事実上の（de-facto）賄賂が得られる利益集団への参加を望むが、上に述べた災害情報が、多くの場合、一般市民にも身近（the proximity of ordinary citizens）で

あり、つまり、明白な情報に接していたにもかかわらず、そのようなネットワークの効果が抑止されなかったように思える。たとえば、福島原発の災害に関する独立的な調査によって、悲惨な大災害へとつながる共謀や利益獲得が、国家だけでなく、地方レベルでも存在したことが指摘された。

8.3.2 選挙の制度

地方の選挙は、全国的な選挙とはかなり異なっており、以下のような2つの要点からなる。つまり、最高責任者（知事、市長）の直接選挙と、県議会または地方議会の直接選挙の2点である。これは、行政上と立法上の部門間のチェック・アンド・バランスを保つという考えに基づいている。地方レベルにおいては、国家レベルと比較しても、立法府はより弱い立場にある。したがって、直接選挙により選ばれた最高責任者の影響力が、国家レベルよりも地方レベルのほうが高くなる可能性があり、これは悪用される可能性を持っている。

地方は、住民投票や請願権（referenda and petitions）を含む、民主主義の要素をいくつか持っている。そして、それらを活用している成功例もいくつか存在する。何の問題もなくというわけではないが、市民社会の行動が活発かどうかに依存して、それらは更なるアカウンタビリティのための追加的メカニズムをあたえる。これについては、以下でさらに詳しく検討する。

8.3.3 中央政府の統率（supervision）

2000年の（地方分権）改革にもかかわらず、中央集権の名残から、東京中心の政治システムはまだ根強く残っている。たとえば、人事の関係からみれば、多くの知事はまだ主な中央省庁のうちの1つの経歴を背景として持つことが多い。特に、総務省とその前身である自治省、また経済産業省も挙げら

表 8-1　日本の県知事の主なキャリア経歴、2016 年 9 月現在

主要なバックグラウンド	数
国家省	31
総務省、自治省	(13)
経済産業省	(8)
県、地方自治体	3
企業	7
その他	3
不明	3
合計	47

出典：National Governors' Association（日付記載なし）より算出。

れる（表 8-1 参照）。県は、中央のエリートサークルにアクセス権を持った、「東京キャリア」官僚を常に知事として選ぶ傾向があった。それらとは独立した知事（independent governors）を選ぶ期間が、長期にわたることはほとんどない（Lam Peng Er 2005）。

　この中央集権の強い名残には、2 つの効果の側面がある。一方の面では、共謀のネットワークを作り出す手助けをしてしまうことになるが、もう一方の面では、地方の監督のための信頼性があり信用できる規制の枠組みが国家レベルで設立されるならば、地方政府が、中央集権的な秩序の境界を踏み外す危険なしに、地方分権が強まる。他の多くの国と比べると、日本には、基本的に地域間競争を有効に規制する手段がある。

8.3.4　移動性

　日本は地域間住民移動がかなり高いことでよく知られている。労働期にある人々が、相対的に高い実質賃金を手に入れるために、「予想される方法により反応する」ことが示される（Kondo and Okubo 2011）。相対的な実質賃金が減少することは、通常、経済状況が悪化することを意味する。したがって、

相対的実質賃金が減少するとき、労働者は引っ越し、それによって経済状況悪化の影響を低下させる。しかしながら、このため、特に、農村部における移動性人口のシェアが減少し続ける可能性が高い。

地域間の資本移動とは、つまり企業がどこかへ移転してしまうという潜在的な脅威であるが、それと同様の問題が存在している。高度に先進的な企業は、しばしば、中心部から遠く離れた地域に魅力がないと感じる。したがって、地方政府が行う経済的誘因政策の効果がよほど大きくなければ、彼らの地域・立地選択の決定に影響を与えることはないだろう。

最近の政府の調査によると、回答した地方自治体の42パーセントと、企業団体および商工会議所の67パーセントが、地方の再活性化のために利用されていない資源があると感じている（SMEA 2015：21）。このことは、未利用の可能性を活用するためのガバナンスの問題といえよう。しかしこれはまた、新しい産業の誘致を目指す誘因政策の壁が高い（high threshold）ことを意味している。したがって、悲観的なシナリオ（downside scenario）においては、地方分権による地域間競争が有効な効果を発揮せず、長期間にわたり地域間格差を永続させ、財政支援策の必要性が続くことになる。後者は大変重要な問題であり、地方分権のプラス効果を鈍らせることが懸念される。

8.3.5 情報開示

情報公開に否定的な政治家と官僚の歴史的な名残によって、国家レベルでの情報開示権設定からかなり遅れて、県と地方自治体の情報開示の動きが始まった。最初の法令は、1982年に制定された（Kingston 2005：p. 3）。このことを革命として、半ば熱狂的にとらえるものもいた（Repeta 1999）。この手段が持つ効果は、訴訟を助ける裁判所と市民組織の支援によるところが大きい。このことについては後述する。

これとは異なった方式についていえば、ヤードスティック情報が、現代の一連の情報技術によってもたらされる。経済産業省は、このようなデータを利用可能とするための地域経済分析システム（RESA）を展開している。

8.3.6　法廷システムの役割

第3の権力である司法権を担う裁判所は、最高裁をはじめとした階層システムに組み込まれている。昔は、裁判所のシステムはそれほど政府の活動に介入しないとされていたが、長い年月の間に、さまざまな分野の裁判所の決定は、行政に対して重大な影響を及ぼすこともあった。情報権に関して、Jeff Kingston（2005：p. 5）は、「裁判所の情報開示に積極的な姿勢（pro-disclosure posture）はかなり予想を超えている」と論じている。ある年には（1999年）、地方および県による情報開示拒否の65パーセントが裁判所によって破棄された。詳細なシステムの研究により、Repetaは、官僚政治の「攻撃的な」（誤った）振る舞いを正すことが裁判所の役割だと考えている（1999：p. 19）。

そのような見解から、楽観的かもしれないが、日本の裁判所は、地方分権がもたらすアカウンタビリティ（decentralization-cum-accountability）の利益を実現するために必要な条件として、情報権を強化し、実行するための良い基盤となっている。

8.3.7　メディアの役割

日本の政治についての主要なメディアは、大手の新聞（全国紙）と主要なテレビニュースネットワークである。それらのジャーナリストたちは、政府の不正を暴くことに積極的でないことが知られている。記者クラブは、記者に好適な待遇を与えるものであるが、その制度化されたメカニズムにより、

かえって情報から遠ざけられる結果になっている。彼らのそのような経緯から、スキャンダルを暴くという役割は、むしろ半主流の週刊誌のものになっており、そこで事実であると確認された場合、最終的にはまた主流なメディアに取り上げられる（Prusa 2012）。

　上述のような大都市のメディアにとって、地方や（遠い）地域のことがらを扱うことは、大抵難しいことであると考えられているが、もちろん、常に難しいわけではない。特に、地方紙などの地方のメディアは、地域のアカウンタビリティの効果的な番人として、公に報道するものが少ない。彼らのなかに批判的なジャーナリストを見い出すことはまれであり、新聞購読者数の停滞と高齢化という状況のなかで生き延びるために格闘している。Rausch（2012）によると、彼らはむしろ苦しんでいる地方の復興支援のためのビジネスモデルを求めている。このような観点から、批判的番人としての役割を全うするよりも、むしろ、地方のオピニオンリーダーたちと協調するため努力しているのかもしれない。

　他のメカニズムは、地方のデメリットがさほど及ばず、テクノロジー主導に成長しているソーシャルメディアの存在である。それらの潜在的な影響を評価するには早すぎるかもしれないが、本質的に、アカウンタビリティをサポートする彼らの価値は、後述する市民社会のメカニズムの有効性に依存している。

8.3.8　市民社会（civil society）の役割

　伝統的に、市民社会のメカニズムによる政府への監視の目は弱い。「政府」や「企業」とは異なった「社会（society）」という概念でさえも、かなり異なった政治哲学の伝統の背景ゆえに、社会に溶け込むことは難しかった。近年、非営利組織（NPO）のような法的に設計された組織や、税を控除できる寄付

(tax-deductive contributions) が可能になったため、このような動きは強まってきている。また、特に地方によくみられる伝統的な資源は、自治会組織 (neighborhood associations) である (Pekkanen et al. 2014)。市民社会の形成が、個人間のネットワークを超えて、理想的な目的と原理によって結合された多数のネットワークを構築することができるか否かについては、活発な議論がある。

再び 2011 年の 3 つの惨事について言及すると、批判的な専門家の間では、新しくでき上がった社会的に制度化されない組織が、日本の社会的結合関係に大きな変化 (sea-change) をもたらすという多くの希望があった。しかしながら、差し当たり、そのような組織は、実際に物事を大きく変える勢いと専門性とを持ち合わせていないように思える（しかしながら、たとえば、Pekkanen (2015) は、長期的な視点からは楽天的な見解を持っている）。

その観点から、ソーシャルメディアなどのコミュニケーションの新しい方式を考慮に入れるとしても、地方分権化のプロセスにおいて市民社会が短期間に大きな影響を持つことは期待できないであろう。

おわりに

この研究の出発点は、日本は（更なる）地方分権化から利益を得られるかどうかという問題であった。理論的な研究の文献によると、これは経済効率を考慮する問題というだけでない。すなわち、選好における地域のより強い同質性が、より小さい地域の経済単位に分割することにより失われた（規模の）経済性を上回るか否かという問題である。それはまた、制度や組織が、異なった環境下においても、正しく「振る舞うか」という政治経済的な考察に依存している。アカウンタビリティと不正の問題は、この議論の中心に存

在する。そして、これがこの論文が焦点を当てている問題である。

　理論的な研究文献と、それに基づいた詳細な実証研究は、地方分権により期待できるものが、その国の固有の環境に依存しており、国によって異なることを示している。したがって、一般化は難しい。この考え方に基づいて、日本のケースで考慮されるべき重要な制度や環境の特徴に基づいて、8つの要因のリストを作成した。これら8つの要因の検討結果から、日本の地方分権によって、アカウンタビリティと不正の問題が改善されるかどうか、すなわち、地方分権の経済効果の動向が上向きになるか下向きになるかということに関する満足のいく答えは、この研究においては与えられなかった。しかし、8つの要因に関する短い議論から、少なくとも更なる研究のための前段階としてのヒントは得られたと考える。

　この論文における発見から、選挙システムのいくつかの要素（たとえば住民投票のような直接民主制の要素）や、共通の規則における効果的な中央政府の管理の可能性、情報開示における近年の展開、裁判システムにおける情報開示に賛同的な姿勢、そして、市民社会メカニズムにおける活発な改革が示されていることは、地方分権におけるアカウンタビリティの進展をサポートするものと考えられる。同時に、いくつかの要因は不確定であり、更なる吟味を必要とする。

　これは、県と地方自治体の中にある、行政府と立法府の間におけるチェック・アンド・バランスの役割や、人や資本の移動性の役割――そして極端に周辺部にある領域が競争の効果を活用する手段を持っているかどうか、レント獲得に向けて動くことは可能かどうか――、そして、メディアの役割、などが問題となる。共謀を助ける不透明なネットワークの広がりが続くならば、非公式の制度が根強く残っているので、更なる懸念が生じる。地方分権において、この点は、時間の経過と関連する課題である。Fiorino et al.（2015）は、

プールデータを用いて、地方分権が汚職に与える効果が3年遅れて発生することを明らかにしている。

これは、少なくとも日本にとって、かなり楽観的な結論のように思える。一般的な政策の改善効果についていえば、期待された望ましい効果が実現するまでにはかなりの時間が必要となるであろう。

訳者注
1) 政府と国民、市民の間の情報の非対称性や、プリンシパル＝エージェント関係といったゲーム論的関係性を入れて、地方分権の経済効果や政策を研究する分野のことをいう。
2) 伝統的な経済学の枠組で想定されてきた、国民や市民の厚生水準を最大化するように働く政府のことをいう。
3) 企業誘致のための税などの切り下げ競争のことをさす。

参考文献

Alesina, Alberto and Spolare, Enrico (2003) *The Size of Nations*, Cambridge Mass.: MIT Press.

Asahi Shimbun Asia & Japan Watch (2016) EDITORIAL: Government's decentralization policy lacking full commitment, 23 March 2106, http://www.asahi.com/ajw/articles/AJ201603230037.html, last visited in September 2016.

Bardhan, Pranab and Mookherjee, Dilip (2006) Decentralization, corruption and government accountability, in: Susan Rose-Ackerman (ed.) *International Handbook on the Economics of Corruption*, Cheltenham: Edward Elgar, pp. 161-188.

Boffa, Federico et al. (2016) Political Centralization and Government Accountability, in: *The Quarterly Journal of Economics*, pp. 381-422.

Cai, Hongbin and Treisman, Daniel (2004) Does competition for capital discipline governments? Decentralization, globalization and public policy, in: *American Economic Review*, pp. 817-830.

Dafflon, Bernhard (2006) The assignment of functions to decentralized government: from t Theory to practice, in: Ehtisham Ahmad and Giorgio Brosio (eds.) *Handbook of Fiscal Federalism*, Cheltenham: Edward Elgar, pp. 271-305.

European Parliament. Information Office in the UK (2016) The principle of subsidiarity, http://www.europarl.org.uk/en/education/teachingresources/howeuworks/subsidiarity.html, last visited in September 2016.

Faguet, Jean-Paul (2011) Decentralization and governance, STICERD Discussion Paper EOPP/2011/27, London School of Economics and Political Science.

Feldhoff, Thomas (2005) *Bau-Lobbyismus in Japan. Institutionelle Grundlagen-Akteursnetzwerke-Raumwirksamkeit*, Dortmund: Dortmunder Vertrieb.

Fiorino, Nadia et al. (2015) How long does it take for government decentralization to affect corruption?, in: *Economics of Governance*, pp. 273-305.

Kingston, Jeff (2005) Information Disclosure in Japan. Paper presented at the biennial conference of the JSAA, Adelaide, July 3-6.

Kondo, Keisuke and Okubo, Toshihiro (2011) Structural Estimation and Interregional Labour Migration: Evidence from Japan, Keio/Kyoto Global COE Discussion Paper Series DP 2011-040.

Kumar, C. Raj (2004) Corruption in Japan-Institutionalizing the Right to Information, Transparency and the Right to Corruption-Free Governance. in: *New England Journal of International and Company Law*, pp. 1-30.

Lam Peng Er (2005) Local governance: the role of referenda and the rise of independent governors, in: Glenn Hook (ed.): *Contested Governance in Japan. Sites and Issues*, Abingdon: Routledge, pp. 71-89.

Lockwood, Ben (2006) The political economy of decentralization, in: Ehtisham Ahmad and Giorgio Brosio (eds.) *Handbook of Fiscal Federalism*, Cheltenham: Edward Elgar, pp. 33-60.

Martinez-Vazquez, Jorge et al. (2015) The Impact of Fiscal Decentralization: A Survey, International Center for Public Policy Working Paper 15-02, June, Georgia State University.

National Diet of Japan (2012) The official report of the Fukushima Nuclear Accident Independent Investigation Commission. Executive summary, Tokyo 2012, https://www.nirs.org/fukushima/naiic_report.pdf, last visited in September 2016.

National Governors' Association (2016) Chiji fairu (Governors' File), http://www.nga.gr.jp/app/chijifile/, last visited in September 2016.

North, Douglass C. (1990) *Institutions, Institutional Change and Economic Performance*, Cambridge: Cambridge University Press.

Oates, Wallace E. (1972) *Fiscal Federalism*, Harcourt Brace Jovanovich: New York.
Oates, Wallace E. (1999) An Essay on Fiscal Federalism, in: *Journal of Economic Literature*, pp. 1120-1149.
Pascha, Werner (1999a) Federalism in Japan-Only a Fancy?, in: Janet Hunter (ed.): Japan: State and People in the Twentieth Century, Japanese Studies JS/99/368, The Suntory Centre, London School of Economics and Political Science, March 1999, pp. 105-145.
Pascha, Werner (1999b) Political Corruption in Japan-An Economist's Perspective, in: Romanian Journal of Japanese Studies, 1999, pp. 98-112; also as: Duisburger Arbeitspapiere Ostasienwissenschaften, No. 23/1999.
Pekkanen, Robert J. et al. (2014) *Neighborhood Associations and Local Governance in Japan*, Abingdon: Routledge.
Pekkanen, Robert J. (2015) The Triple Disasters of 3.11 and Civil Society in Japan, Report to the Japan-U.S. Friendship Commission.
Rausch, Anthony (2012) *Japan's Local Newspapers: Chihôshi and Revitalization Journalism*, Abingdon: Routledge.
Repeta, Lawrence (1999) Local Government Disclosure Systems in Japan, in: The National Bureau of Asian Research: NBR Executive Insight 16.
Sachße, Christoph (1994) Subsidiarität-zur Karriere eines sozialpolitischen Ordnungsbegriffs, in: *Zeitschrift für Sozialreform*, pp. 717-738.
Sasaki, Atsuro (2014) Local Self-Government in Japan, Ministry of Internal Affairs and Communications, May, www.soumu.go.jp/main_content/000295099.pdf, last visited in September 2016.
Schulz, Martin: Ökonomisierung der Kommunen als Überlebensstrategie in Japan, in: Gesine Foljanty-Jost (ed.): Kommunalreform in Deutschland und Japan: Ökonomisierung und Demokratisierung in vergleichender Perspektive. Wiesbaden: VS Verlag, pp. 79-105.
Shah, Anwar (2006) Corruption and decentralized public governance, in: Ethisham Ahwad and Giorgio Brosio (eds.) *Handbook of Fiscal Federalism*, Cheltenham: Edward Elgar, pp. 478-498.
SMEA (Small and Medium Enterprise Agency) (2015) Outline of the 2015 White Paper on Small and Medium Enterprises in Japan and the 2015 White Paper on Small Enterprises, April.

Streinz, Rudolf (2014) Bremsen gegen EU-Zentralisierungsprozesse?—Positionierung des Europarechtlers, in: Handwerkskammer Düsseldorf (ed.): *Welche Chancen hat Subsidiarität in Europa?*, Verlagsanstalt Handwerk: Düsseldorf, pp. 86–106.

Voigt, Stefan and Blume, Lorenz (2012) The economic effects of federalism and decentralization — a cross-country assessment, in: *Public Choice*, pp. 229–254.

Yoshida, Daiske and Park, Junyeon (2016) Japan Bribery & Corruption 2016, 3rd Edition, Global Legal Insights, Latham & Watkins, Tokyo.

第9章
MMS 手法による電子政府サービス評価

Wong Meng Seng・西本秀樹

はじめに

　これまで政府や自治体などの公共サービスやホスピタリティ、観光産業の民間サービスの品質を測定するための評価ツールとしては、SERVQUAL、SERVPERF および重要度パフォーマンス分析（Importance-Performance Analysis：IPA）等が使われてきているが、これらのツールのほとんどは、ユーザ（市民）、またはサービスプロバイダの一方の観点からサービスの質を評価するために開発されている。

　本章では、Wong et al.（2013）で示したユーザとサービスプロバイダの双方を同時に評価する方法として、IPA 法を拡張した「満足度－満足度マトリックス（Satisfaction-Satisfaction Matrix：SSM）」を提案し、日本の自治体サービスの現場に適応させてみたので紹介する。

9.1　日本の電子政府サービス

　各国の政府は、住民サービスの管理コストを下げながらも、市民と政府と

の良好な関係（Verdegem and Verleye, 2009）を築くために、情報技術のポテンシャルを活かして、ウェブサービスの提供に注力している（Wong et al., 2009, 2011; Norris and Reddick, 2013）。

　日本でも同様で、我が国における「電子政府」としての取組はインターネット普及以前に遡り、1994年に閣議決定され、行政の情報化への取組方針を明記した「行政情報化推進基本計画」で広報資料および国民生活に必要な各種の行政情報をホームページに掲載し始めたことが契機となっている。2003年の「電子政府構築計画」で「電子政府」を2005年までに構築することを目標として掲げた。

　この政策により、24時間365日いつでも国民が各府省の所管手続をオンラインで行えるシステムや、電子的な申請・届出等に必要となる認証基盤が確立された。さらに、2006年の「電子政府推進計画」では、2度の改定を経ながら2010年までの行動計画として、計画通りに進まなかったオンライン利用の拡大やワンストップサービスの実現など、それまでの課題を克服しながらその推進・強化を行ってきた。その後、2013年「世界最先端IT国家創造宣言」の中で、「より便利で利用者負担の少ない行政サービス」、「徹底したコストカットと効率的な行政運営」、「災害やセキュリティに強い行政基盤」という3つのビジョンを実現するための施策を立案し、国民が本当にメリットを感じられる電子政府の構築を目指している。さらに同年7月、「e-Japan戦略Ⅱ」が決定される。

　「e-Japan戦略」がIT基盤整備に重点が置かれていたのに対し、「e-Japan戦略Ⅱ」では、さまざまな分野でのITの利活用を推進した。医療、食、生活、中小企業金融、知、就労・労働、行政サービスの7分野で実現したい具体的な事柄とそのための方策、課題と対応策、その目標達成の評価指標などが明記された。行政サービス分野については、やはり「電子政府の総合窓口」が

挙げられており、24時間365日ワンストップで行政サービスを提供すること主要項目として挙げ、それ以外にも政策立案過程、実施状況、事後評価等行政運営に関する情報を国民が知ることができ、国民の行政への参画を容易にすることを目標として掲げている。

その他には、次世代情報通信基盤、安全・安心な利用環境、次世代の和を生み出す研究開発の推進、人材育成・学習振興、ITを軸とした新しい国際関係等の新しいIT社会基盤の整備などを重点分野としている。「e-Japan戦略Ⅱ」の決定と同時に、各府省情報化統括責任者（CIO）連絡会議により、「電子政府構築計画」が策定された。20の各府省が業務の実態に合わせた形で電子政府の構築に資する取組を定めた。その原則としては、（1）国民にとって使いやすくわかりやすい、高度な行政サービスの提供、（2）政策に関する透明性の確保、説明責任の履行および国民参加の拡大、（3）ユニバーサル・デザインの確保など8項目に則り、2006年度末までに実施する内容を具体的に定め、その進捗状況を厳格に管理、評価するとともに、毎年度計画の見直しをプロセスに組み込むことにより、着実な実施を目指した。

その主な取組内容としては、電子政府の総合窓口（e-Gov）を活用したワンストップサービスによる申請作業の簡便化が第一に挙げられている。年間申請件数が10万件以上の手続を重点的に、業務の効率化による実費の手数料への適切な反映、添付書類を含め手続そのものの簡素化・合理化により、業務処理の短縮化を図るとした。また、厚生労働省や経済産業省など申請作業が特に多様で煩雑な部署については、必要性の乏しい手続きの廃止等も併せて行い、業務全体の見直しに繋がっている。

地方自治体においても、ホームページや庁内LANの構築、総合行政ネットワーク（LGWAN）や住民基本台帳ネットワーク、公的個人認証などの全国的な電子自治体の基盤が整備されるとともに、CIO（Chief Information

Officer:最高情報統括責任者)の任命や電子自治体推進計画等の策定などの庁内推進体制が強化されてきた。また、多くの自治体で電子申請、電子入札などのオンライン化が実現された。

国連行政ネットワーク (UN PublicAdministration Network: UNPAN) 調査書 (2012) による最近の電子政府評価の調査結果によると、東アジアのトップ3国は韓国(ランク1)、シンガポール(ランク10)、で日本は第3位(ランク18)であった。2001年以降の結果推移をまとめて表9-1に示す。

表9-1 東アジアにおける電子政府進展調査推移

	2001	2003	2004	2005	2008	2010	2012
マレーシア	59	43	42	43	34	32	40
日本	27	18	18	14	11	17	18
中国	93	74	67	57	65	72	78
韓国	15	13	5	5	6	1	1
米国	1	1	1	1	4	2	5
英国	7	5	3	4	10	4	3
シンガポール	4	12	8	7	23	11	10

9.2 電子政府の評価ツール

西本編 (2014) で示すように、顧客満足度に対する評価研究はさまざまなモデルが活用されているが、特に電子政府の調査は、市民とサービス提供側の2つのニーズを検討しながら、電子政府のウェブサイトの品質を検査するもの、グループ活動に焦点をあてたもの、政府のウェブサイトを調査したもの、市民や政府関係者との対面や電話インタビューを含むもの、アンケート調査に基づくものなどがある。

これらの大半は供給側(政府・自治体)に焦点を当てており、調査も、政

府がオンライン提供するサービスの実現内容を調査したものがほとんどである。国際レベルでの調査も実施されている。供給側からのベンチマークテストも実施されているが、これらは電子政府の進捗状況を評価するためのバイアスがかかっているとの評価もある。一部の調査研究では、需要側からのアプローチで行われている。一般的な評価ツールとしてはSERVQUALとSERVPERFであり、広くサービス品質の測定に使用されている。SERVQUALは、サービスウェブサイトの品質を測定するために使用されている。SERVQUALが広くサービス品質を測定するために使用されているにもかかわらず、いくつかの批判がある。SERVPERFは、サービス品質のパフォーマンスレベルを測定するものである。この問題に対処するために、IPA（重要性・パフォーマンス解析）は単純な評価ツールであるが、サービスプロバイダ側からの視点に欠けていた。

　これらの課題を踏まえて、次節では、新たに電子政府サービスのパフォーマンスに関する市民の認識とサービスプロバイダの両方を測定するために開発された評価ツール「満足度－満足度マトリックス手法（SSM）」を提示する。

9.3　「満足度－満足度マトリックス手法（SSM）」

　SSMは、IPAが各属性の重要性とパフォーマンスを使用してグラフにプロットするのに対し、双方の満足度指標をプロットすることから始める。二次元のy軸に顧客の満足度、x軸にサービスプロバイダの満足度を取り、4つの象限に分割する。4つの象限はそれぞれ、"低優先度（Low Priority）"、"このまま続ける（Keep Up the Good Work）"、"可能な限りやめる（Possible Overkill）"、"ここに集中せよ（Concentrate Here）"を示し、電子政府管理者のための提案を示唆する。Ⅰ象限（高重要/低効率）"ここに集中せよ"という領域

である。この象限に分類される属は最優先で改善される必要があることを示している。II象限が（高重要/高効率）"このまま続ける"という領域である。この象限に分類されたすべての属性は組織的にうまくいっていることを示している。III象限は（低重要/低効率）"低優先度"の領域である。この象限に分類属性のいずれかは重要ではない。IV象限は（低重要/高効率）"可能な限りやめる"ことを示唆する領域である。それは過度に強調されている属性を示しており、組織はこれに代わって他のリソースに資源を割り当てる必要がある。

IPAグリッドの例を図9-1に示す。

図9-1　満足度-満足度マトリックス手法（SSM）

9.4　SSMの適用事例

本節では、2014年に実施したプロジェクトによるアンケートの結果を適用している。

データ収集は都道府県情報政策担当者と大学保護者を対象にメールで行っ

図 9-2 満足度−満足度マトリックス（SSM）のプロット

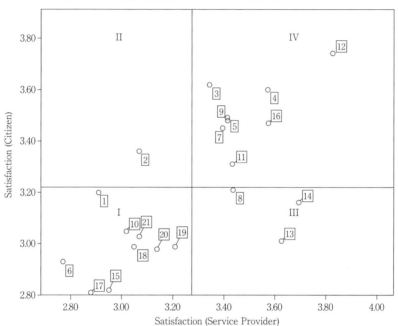

ており、それぞれ 43、107 の回答を得ている。回答者は 5 点リッカート尺度を用い、"非常に良い"（5）、"良い"（4）、"どちらでもない"（3）、"悪い"（2）、"非常に悪い"（1）とのポイント評価を行っている。各属性の満足度とマトリックス・プロットを図 9-2 と表 9-2 に示す。

次のことが観察できる。

電子政府サービス担当者側からの満足度の高かったものは次の通り：

・処理コストの削減
・処理処理の迅速化

表 9-2　市民と都道府県サービスの満足度

	E-Government Benefits	Satisfaction (Service Provider)	Satisfaction (Citizen)	Quadrant
B1	Save transaction costs	2.91	3.20	I
B2	Process transaction's speedily	3.07	3.36	II
B3	Are accessible at high speed	3.35	3.62	IV
B4	Reduce customer's time spent traveling to the government office	3.58	3.60	IV
B5	Decrease customer queuing time	3.42	3.49	IV
B6	Decrease face to face interaction	2.77	2.93	I
B7	Save petrol cost	3.40	3.45	IV
B8	Save parking cost	3.44	3.21	III
B9	Provide faster access to documents and forms	3.42	3.48	IV
B10	Have quicker response time to queries	3.02	3.05	I
B11	Save postage cost	3.44	3.31	IV
B12	Are convenient and available at any time (24 × 7 hours)	3.84	3.74	IV
B13	Keep customer personal and financial information protected (Security)	3.63	3.01	III
B14	Keep customer data private (Privacy)	3.70	3.16	III
B15	Give customers caring and individual attention (i.e., referral to a contact person)	2.95	2.82	I
B16	Provide up-to-date information	3.58	3.47	IV
B17	Encourage active participation from citizen (i.e., E-Consultation)	2.88	2.81	I
B18	Website is clear and written in plain language	3.05	2.99	I
B19	Provide prompt service, and helpful response to customer requests	3.21	2.99	I
B20	Provide dependable and reliable services	3.14	2.98	I
B21	Accessible for people with disabilities	3.07	3.03	I
	Average	3.28	3.22	

- 高いアクセシビリティ
- 利用者の役所訪問時間の低減
- 利用者の待ち時間の低減
- 対面サービスの低減
- 移動にかかる燃料費の低減
- 駐車コストの削減
- ドキュメントやコンテンツへの高速アクセス
- 質問、問合せに対する応答時間の迅速化
- 送料コスト削減

一方、利用者が望むが担当者が見落としがちな次項として指摘できるのは以下の通り：

- 週末や早朝、深夜のサービス提供
- 利用者の個人情報や金融情報の保護
- その他のデータプライバシー
- 個人的な対応
- 直近の話題提供
- 市民目線の参加要請
- わかりやすい言葉と豊富なコミュニケーション
- 迅速で役立つ応答
- 信頼性と信頼度の高いサービス
- 障害者へのアクセシビリティ向上

9.5 本章の結論に代えて

本章では電子政府サービス評価手法であるIPA分析を拡張した「満足

度−満足度マトリックス法（SSM）」について紹介し、その実際運用の一例を示した。提供者側の適切な資源配分のために、利用者（市民）が何を求めて、何が効果的時実現できていると感じているかを知ることは重要であり、簡便で視覚的分析は有用であると考えられよう。さらに同手法でのマレーシア、英国での試行と比較研究を実施する計画がある。

※　本章の内容は、龍谷大学特別研究員制度（2015-2016）の成果の一部である。

参考文献
西本秀樹編（2014）『地方政府の効率性と電子政府』日本経済評論社。
Agimo (2006) "Australians' Use of and Satisfaction with E-Government Services. Australian Government Information Management Office (AGIMO)," Retrieved from http://www.agimo.gov.au on February 3, 2015.
Babbie, E. (2007) *The Practice of Social Research (11th ed.)*. Thomson Wadsworth.
Bennett, J. (2003) *Evaluation Methods in Research*. Cornwall: MPG.
Blose, J.E., Tankersley, W.B. and Flynn, L.R. (2005) "Managing Service Quality Using Data Envelopment Analysis," *Quality Management Journal*, 12(2), 7-24.
Carman, J.H. (1990) "Consumer perceptions of service quality: An assessment of the SERVQUAL dimensions," *Journal of Retailing*, 66(1), 33-55.
Cronin, J. and Taylor, S.A. (1994) "SERVPERF versus SERVQUAL: Reconciling Performance-based and Perceptions-Minus-Expectations Measurement of Service Quality," *Journal of Marketing*, 58, 125-131.
Cronin, J. and Taylor, S.A. (1992) "Measuring Service Quality: A Reexamination and Extension," *Journal of Marketing*, 56(3), 55-67.
Crook, P., Rohleder, S.J. and Simmonds, A. (2003) CRM in Government: Bridging the Gaps. Atlantic and Europe, Accenture.
Donnelly, M., Wisniewski, M., Dalrymple, J.F. and Curry, A.C. (1995) "Measuring Service Quality in Local Government: The SERVQUAL Approach," *International Journal of Public Sector Management*, 8(7), 15-21.
Edvardsson, B., Thomasson, B. and Ovretveit, J. (1994) *Quality of Service: Making it Really Work*. London: McGraw-Hill.

Eggers, W. and Goldsmith, S. (2004) Government by Network: The New Public Management Imperative. Deloitte Research and the Ash Institute for Democratic Governance and Innovation at the John F. Kennedy School of Government, Harvard University.

Ennew, C.T., Reed, G.V. and Binks, M.R. (1993) "Importance-Performance Analysis and the Measurement of Service Quality," *European Journal of Marketing*, 27(2), 59-70.

Evans, D. and Yen, D. (2006) "Current practices of leading e-government countries," *Communications of the ACM*, 44(10), 99-104.

Farbey, B., Land, F. and Targett, D. (1992) "Evaluating Investments in IT," *Journal of Information Technology*, 7, 109-122.

Farbey, B., Land, F. and Targett, D. (1999) "Moving IS Evaluation forward: Learning Themes and Research Issues," *Journal of Strategic Information Systems*, 8(2), 198-207.

Go, F. and Zhang, W. (1997) "Applying importance-performance analysis to Beijing as an international meeting destination," *Journal of Travel Research*, 35, 42-49.

Hirmukhe, J. (2013) "Measuring the customer's perception of service quality using SERVQUAL in public services," *International Journal of Services Technology and Management*, 19(4), 267-277.

Kudo , H. (2008) "Does e-government guarantee accountability in public sector? Experiences in Italy and Japan," *Public Administration Quarterly*, 32(1), 93-120.

Lee, S., Trimi, S. and Yen, D. (2006) "E-government: Evolving relationship of citizens and government domestic and international development," *Government Information quarterly*, 23(2), 207-235.

Martilla, J. and James, J. (1977) "Importance-Performance Analysis," *Journal of Marketing*, 14, 77-79.

Nale, R.D., Rauch, D.A. and Wathen, S.A. (2000) "An Exploratory look at the use of Importance Performance Analysis as a curricular assessment tool in a school of business," *Journal of Workplace Learning: Employee Counseling Today*, 12(4), 139-145.

Norris, D.F. and Reddick, C.G. (2013) "Local E-Government in the United States: Transformation or Incremental Changes," *Public Administration Review*, 73(1), 165-175.

Parasuraman, A., Zeithaml, V. A. and Berry, L. L. (1985) A Conceptual Model of Service Quality and Its Implications for Future Research. Journal of Marketing, 49(4), 41-50.

Parasuraman, A., Zeithaml, V.A. and Berry, L.L. (1988) "SERVQUAL: A Multiple-Item Scale for Measuring Consumer Perceptions of Service Quality," *Journal of Retailing*, 64(1), 5-6.

Parasuraman, A., Berry, L.L. and Zeithaml, V.A. (1991) "Understanding Customer Expectations of Service," *Sloan Management Review*, 32(3), 39-49.

Rossi, P. H. (2004) *Evaluation: A Systematic Approach (7^{th}ed.)*. London: Sage Publications.

Sharrard, J., McCarthy, J. C., Tavila, M. J. and Stanley, J. (2000) Sizing US e-Government, Forrester Research.

UNPAN (2001) "Benchmarking E-Government: A Global Perspective — Assessing the Progress of the UN Member," Retrieved from http: //www. unpan. org/egovernment.asp on February 5, 2015.

UNPAN (2003) "Global E-Government Survey: E-Government at the Crossroads," Retrieved from http://www.unpan.org/egovkb/global_reports/08report.htm on February 5, 2015.

UNPAN (2004) "Global E-Government Readiness Report: Towards Access for Opportunity," Retrieved from http: //www. unpan. org/egovkb/global_ reports/08report.htm on February 5, 2015.

UNPAN (2005) "Global Readiness Report: From eGovernment to eInclusion," Retrieved from http://www.unpan.org/egovernment5.asp on February 5, 2015.

UNPAN (2008) "UN E-Government Survey: From E-Government to Connected Governance," Retrieved from http: //www. unpan. org/egovkb/global_ reports/08report.htm on February 5, 2015.

UNPAN (2010) "Leveraging E-government at a Time of Financial and Economic Crisis," Retrieved from http: //www2. unpan. org/egovkb/global_ reports/10report.htm on February 5, 2015.

UNPAN (2012) "Global E-Government Survey: E-Government for the People," Retrieved from http://www2.unpan.org/egovkb/global_reports/12report.htm on February 5, 2015.

Verdegem, P. and Verleye, G. (2009) "User-centered E-Government in practice: A

comprehensive model for measuring user satisfaction," *Government Information Quarterly*, 26(3), 487-497.
Wisniewski, M. (2001) "Using SERVQUAL to assess customer satisfaction with public sector services," *Managing Service Quality: An International Journal*, 11(6), 380-388.
Wisniewski, M. and Donnelly, M. (1996) "Measuring service quality in the public sector: the potential for SERVQUAL," *Total Quality Management and Business Excellence*, 7(4), 357-365.
Wong, M.S., Fearon, C. and Philip, G. (2009) "Evaluating E-Government in Malaysia: An Importance-Performance grid Analysis (IPA) of citizens and service providers," *International Journal of Electronic Business*, 7(2), 105-129.
Wong, M.S., Hideki, N. and Philip, G. (2011) "The Use of Importance-Performance Analysis (IPA) in Evaluating Japan's E-Government Services," *Journal of Theoretical and Applied Electronic Commerce Research*, 6(2), 17-30.
Wong, M. S., Hideki, N., Nishigaki, Y. and Jackson, S. (2012) "Service providers perceptions of Japan e-government services using the importance-performance (IPA) model," *Asian Conference on Information Systems, Siem Reap, Cambodia*, 06-08 August, 2012.
Wong, M. S., Hideki, N., Nishigaki, Y. and Jackson, S. (2013) "Use of Satisfaction-Satisfaction Matrix (SSM) to evaluate E-Government services from the perspective of Japanese citizens and government service providers," *24th Australasian Conference on Information Systems*, Melbourne, Australia, 04-06 Dec 2013.
Yavas, U. and Shemwell, D.J. (2001) "Modified importance-performance analysis: an application to hospitals," *International Journal of Health Care Quality Assurance*, 14(3), 104-110.

第10章
地方政府の情報発信とアセスメント

西本秀樹・矢杉直也・Wong Meng Seng

はじめに

　日本における日本の47の都道府県は独自の公開ポータルサイトを持ち、市民サービスのために日々内容の更新を続けている。西本（2016）で示すように、これらの公式ポータルサイトに対し、数ヶ月間にわたり利用のしやすさや発信力に重点をおいた閲覧操作、質問回答、専用ソフトによる総合評価をおこなってきた。本章ではその内容と要因分析の結果を報告する。調査は内容完備性（Contents completeness）、ユーザビリティ（Usability）、アクセシビリティ（Accessibility）、窓口対応（Response）の4つの指標からなる。同様の形式での形式の調査は2007年、2010年に実施済みで、今回は3度目の調査となる。
　我々の研究プロジェクトでは、さまざまな調査研究とデータ分析をもとに、各国と比較しながら明らかにし、市民や利用者にとってより身近で使いやすい電子政府のあり方や改善の方法を提言していくことを目標にしている。
　日本における電子政府サービス利用は、一般の国民にとって実感がないばかりか、技術先進諸国の中でも日本の電子政府提供に対する評価は高くなく、

その技術を積極的に使った公共サービスは十分に浸透しているとはいえない。その原因を究明し、各国の電子政府の現状と比較しながら、災害時などの市民生活の立場に立った電子政府サービスの推進に寄与するのが本研究の目的である。

本調査は、その第1ステージにあたり、日本の都道府県の電子窓口である各ウェブサイトが、実際にどのように提供されているかを明らかにするための一つの試みであり、調査内容は、ウェブ評価専用ソフトウェアによるアクセシビリティ評価、数人のレビュワーによる閲覧調査、質問回答による窓口対応調査からなる（図10-1）。

図 10 - 1　調査のポイント

```
Ⅰ. 47 都道府県を諮資対象
Ⅱ. 多語的な評l箇
   ・レビュワーによる閲覧操作
   ・信頼性の高い高度診断ソフトによる走査
   ・質問回答によるフィードバック判定
Ⅲ. 1万ページの枝葉に及ぶAccesibility 探査
Ⅳ. 結果は（認証）ウエブ公開し、通知簿を送付し、
   2次活用を促す
```

10.1　背景

日本の政府が2001年1月にIT革命の流れに従う形で打ち出したe-Japan戦略が、日本の電子政府窓口サービス充実への取組みの第一歩となる。市場原理に基づき民間が最大限に活力を発揮できる環境を整備し、我が国が5年以内に世界最先端のIT国家となることを目指すというものであった。ここでの電子政府の役割とは、インターネットや情報設備を通じた行政情報の提供、国民や企業と行政との間の手続の電子化、ワンストップサービスの3点

第 10 章　地方政府の情報発信とアセスメント　213

に基づいている。

　この戦略では重点政策分野として、超高速ネットワークインフラ整備および競争政策、電子商取引と新たな環境整備、電子政府の実現、人材育成の強化、以上の4分野に重点的に取り組んだ。特に、ネットワークインフラの整備は目まぐるしく、今日ではブロードバンド環境でインターネット接続しているユーザーが一般的になっている。また「電子商取引と環境整備」の分野では、電子署名法など多くの法律や制度が制定された。そして「電子政府の実現」の分野では、2003年までに、国が提供する実質的にすべての行政手続きをインターネット経由で可能とし、類似業務の統廃合とシステム化を進め、ワンストップサービスを実現することを目標にしていた。しかし、未だ申請書をダウンロードする形式程度にまでしか進んでおらず、インターネット経由の方が効率的であるとはいえない。4つめの「人材育成の強化」では、小中高等学校および大学のIT教育体制が変わってきたことがわかる。しかし、地方や資金面で問題を抱えている機関では十分な教育環境が整っているとはいえず、これも今後の課題となっている。

　e-Japan戦略において、一番の成果はネットワークインフラの整備である。これに伴い、インターネットへ接続するユーザーが格段に増加したことから、政府は行政サービスのインターネット経由での提供を模索していくこととなる。

　2001年1月のe-Japan戦略から2年が経過し、本格的にIT基盤の整備に取り組んできたこともあり、日本においてインターネットは普及しつつある。「高速インターネットを3000万世帯に、超高速インターネットを1000万世帯に」という「利用可能環境整備」の目標は達成され、実利用数でもDSL（デジタル加入者線）が700万世帯以上に普及し、その月額利用料金は世界で最も安い水準になった。また、電子商取引や電子政府関連の制度的な基盤整備

も進んできた。これらの IT 基盤を活かして社会・経済システムを変革していこうというのが、2003 年 7 月からの e-Japan 戦略 II であった。

現在、「電子政府推進計画（各府省情報統括責任者（CIO）連絡会議決定 2007 年 8 月一部改定）」により、19 の府省を対象に 5 つの目標を目指し進められている。

10.2 調査の概要

調査対象は、日本の電子政府ポータルサイトである「電子政府の総合窓口」で紹介されている 47 の都道府県のウェブサイトとした。全調査期間は 2014 年 5 月からの 9 ヶ月間で、そのうちの約 3 ヶ月間に一次調査（予備調査）、残りの 6 ヶ月間に二次調査（本調査）を実施している。一次調査ではトップページ充足項目の選定や評価スコアシート作りのための基準作り、レビュワー（評価者）の指標寄せ、問い合わせ窓口の確認、評価ソフトウェアのチューニング・ランを中心に行い、二次調査では、一次調査で得られた基準や資料に基づき、実際のアセスメントを順次行った。

評価は、「提供情報の充足度」、「ユーザビリティ（利用のしやすさ）」、「アクセシビリティ（公平な利用保証）」、「問い合わせ窓口の応答性」の 4 つの視点からおこなった。これまでの国内外を含め、類似の調査の多くは、前者 3 つの内の 1 つか 2 つを組み合わせた、コンテンツ項目や機能の有無をスコアシートに示すだけの調査がほとんどであったが、この調査では、"本当に使えるものであるのか"、"実際の利用者対応はどうなっているか"を念頭に置き、国民、市民の利用者側からみた提供サービスを評価できるよう努めた。

「提供情報の充足度」は、1 つ 1 つのウェブサイトのトップページから短時間で主要情報にたどり着けるかどうかを複数の評価者が操作しながら目視に

よって調べた。「ユーザビリティ（利用のしやすさ）」は、画面内の全体的なコンテンツの配置や使用感を評価者が個々に評価した。「問い合わせ窓口の応答性」については、実際に想定質問をメールによる質問フォームやアドレスに送付し、その対応と返信に掛かる時間を測定した。「アクセシビリティ（公平な利用保証）」については、世界的な基準に基づいた測定がウェブサイト全体に及ぶよう、大規模なウェブサイト品質管理診断ソフトウェアを活用することにした。

このように、人（評価者）による慎重な利用判定と、ソフトウェア（診断システム）による、多いときには数万ページにわたるサイト全体の自動診断を並行して行い、実質的なサイト評価につなげた（表10-1）。

表10-1 調査の概要

日本における電子政府ウェブ調査（第3回）

対　象	47都道府県のウェブサイト（電子政府利用支援センター、電子政府の総合窓口より）
期　間	2014年5月〜2015年1月
方　法	評価専用ソフトウェア、レビュワー（評価者）、質問回答による。
指　標	内容完備性、アクセシビリティ、ユーザビリティ、窓口対応（フィードバック）
結　果	ランキング、評価点、テクニカル・ノートの受付公開

出所：Websites Assessment in Japan for e-government service evaluation

10.3 4つの評価指標

各評価の指標は次の通りである（図10-2）。

図10-2 調査の4つの視点と3つの方法

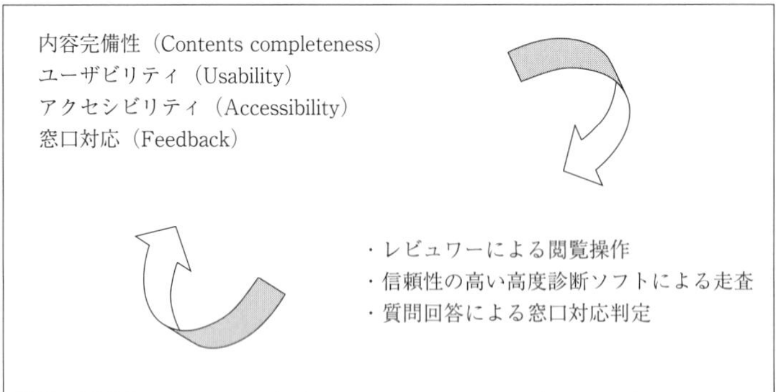

内容完備性（Contents completeness）
ユーザビリティ（Usability）
アクセシビリティ（Accessibility）
窓口対応（Feedback）

・レビュワーによる閲覧操作
・信頼性の高い高度診断ソフトによる走査
・質問回答による窓口対応判定

出所：*Websites Assessment in Japan or e-governments svice evauation.*

10.3.1 内容完備性（提供情報の充足度）の評価

「内容完備性（提供情報の充足度）」は国民や市民の立場に立った行政の基本情報がなされているかを検証するもので、本調査では各サイトのトップページから主要情報にたどり着けるかどうかを複数の評価者が操作しながら目視によって調べた。

　主要情報の基準は、日本政府が2003年度に目標設定したe-Japan戦略Ⅱで政府が利活用分野として挙げた7つのコンテンツを基に構成し、おもなコンテンツ属性を整理・グルーピング、その中から共通して公的水準の高いもの、政府機関、自治体に期待するものを章末の資料1の通り選定した。地方自治体には省庁よりも、より生活に密着したものが期待されるため、省庁と

都道府県ではそれぞれ異なっている。このときの評価の指標を"内容完備性 (Contents Completeness)"と名付け、各主要情報が、「トップページにある」「トップページからリンクをたどればある」「存在しない、見つけるのが困難」の3段階のカテゴリー評価を行い、行政が提供すべき主要情報へのアクセス指標とした。

10.3.2　ユーザビリティの評価

　ウェブサイトの「ユーザビリティ」とは、サイトを訪れた利用者の「使いやすさ」を測る状態や尺度のことで、一般には有効性、正確性、完全性、効率、ユーザー満足度などを総合化して判断するものである（ISO9241-11において定義されている）。

　この調査では、文献をもとに、画面内の全体的なコンテンツの配置やウェブ構成に対する全体的な印象と使用感、新着情報の配置とナビゲーション制御の有無を、ユーザビリティの代表尺度として採用することにした（章末資料2）。

　各中央省庁、都道府県サイトに対し、7人の評価者が"良い"、"悪い"の2段階で評価し、それを合計したものを点数化し、まとめた。

10.3.3　アクセシビリティの評価

　ウェブサイトにおける「アクセシビリティ」とは、ウェブを利用するすべての人が、年齢や身体的制約、利用環境等に関係なく、提供されている情報に問題なくアクセスし、コンテンツや機能を利用できることであり、公平な利用を保証する状態や尺度のことである。

　省庁や都道府県サイトのように、行政窓口をウェブ公開する場合には、他の商用サイトに比べ、より高いアクセシビリティを確保するよう努めなければならない。また全体の安全性や効率もアクセシビリティに影響するので、

同時に配慮する必要がある。

　サイト全体のアクセシビリティを精密に計測するためには、サイトを構成するページ全体を走査する必要があるが、調査対象となる 87 に及ぶウェブサイトの枝葉下部までを、限られた時間のうちに人の手で調べることは経済効率上現実的ではないので、流通しているウェブ評価プロダクトを選定し用いることにした。さまざまな世界基準（ガイドライン）を基に検査・測定できることや、日本語対応であること、広く世界中の巨大企業でも使用されていることなどから、NTT データ株式会社の HAREL を用いることにした。

　検査の基本となったガイドラインは、W3C（World Wide Web Consortium）-WAI（Web Accessibility Initiative）の WCAG2.0（Web Content Accessibility Guideline 2.0）であり、これは日本の JIS X 8341-3（高齢者・障害者など配慮設計指針）通称「ウェブコンテンツ JIS」に含まれる基準となっている（最新版は JIS X 8341-3：2016）。

10.3.4　フィードバック（窓口の応答性）評価

　実際の窓口同様、住民や利用者の疑問や問い合わせに対し、迅速・的確・ていねいに、対応するのが公共サイト運営の責務であり、窓口の応答性の評価は、ウェブサービスの双方向サービスのレベルを判断する尺度である。この調査では、実際に数種類の定型質問を各サイトの専用フォームや公開アドレスに向けてメール発信し、その対応を、応答時間、回答の妥当性、ていねいさの 3 つのファクターで評価することにした。

　定型質問については、実際の業務を仮定しての調査であるので、質問・問い合わせとしてその内容が妥当であること、本業務に差し障りのないものであること、非道徳的な内容でないこと等を重視し、いくつかのバリエーションをもたせながら構成した（図 10-3）。

図10-3　窓口の応答質問の特性と制限

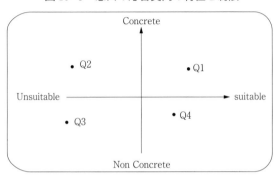

✓ウェブ評価につながる質問であること。
✓範囲外の質問でないこと。
✓他県からの質問として矛盾のないこと。
✓非道徳的でないこと。
✓悪意のなりすましにつながらないこと。
✓世界的標準をめざした質問体系にすること。

測定基準は下記の通りである。
①応答時間
　週末に発信した質問・問い合わせに対し、週明けに返信があるまでに何日間要したかを、返信日時から測定し点数化した。
②回答の妥当性
　適正な回答内容であるかについて、質問内容を理解している、適合回答である、回答責任者が明示されている、を加点法で採点した。
③ていねいさ
　回答様態において、対応の丁重さ、親身な回答であったかの判断を行った。あて名が明示されている、書き出しや挨拶文がある、さらなる質問に対して返信先が明示されている、資料提示があったなどの配慮の有無によって加点法で採点した。

各評価に対する得点と順位を章末資料3に示す。

10.4　探索的因子分析の実施

当年度の調査結果（集約）に対して探索的因子分析を試みた。固有値の判断（＞1）より因子数を2とし、プロマック法による斜交回転を用い、推定には最尤推定法を用いている。表10-2に結果を示した。

各因子負荷量の値から、第一因子は、内容完備性（0.54）、フィードバック（0.35）およびユーザビリティ（0.27）が貢献していることから、提供ウェブの精度を表すものと想像される。第二因子は、アクセシビリティ（0.52）に対し、ユーザビリティ（−0.38）が負の方向に振れており、逆に貢献していることから、ユニバーサルデザインの難易度を示すものと解釈できる。

前回までの結果では（市民応答の丁寧さを示す）フィードバックと他の評価要素が負の関係を示したが、今回の調査結果からはそれは観察できなかった。最近では地方公共団体のウェブサイトの作りが一般化、パッケージ化し、対応もマニュアル化してきたため、形式的には差がなくなってきたのではないかと考えられる。第二因子の示すユニバーサルデザインの難易度については、一般的な使い勝手と幅広い利用を似向けたウェブ設計の両立の難しさがうかがえ、公共サイト共通の問題として意識する必要がある。

フィードバックについては、全般的に得点が低く、利用者（市民）がウェブを通して質問をしたり、コメントを投げかけるという習慣がまだ根付いていない結果とも思われ、広報から選挙に至るまで電子政府の役割や利便性を広く啓蒙していく必要があると感じている。

表 10-2（1〜3）探索的因子分析の結果

	ML1	ML2		ML1	ML2
Completeness	0.54	0.12	SS loadings	0.52	0.42
Usability	0.27	−0.38	Proportion Var	0.13	0.1
Accessibility	0.19	0.52	Cumulative Var	0.13	0.23
Feedback	0.35	−0.01	Proportion Explained	0.55	0.45
			Cumulative Proportion	0.55	1

With factor correlations of

	ML1	ML2
ML1	1	−0.18
ML2	−0.18	1

注：解析用プログラムは「R ver.3.2.3」を使用した。

資料

各評価項目と結果データを西本（2016）より再掲する。

1. 内容完備性（Contents Completeness）に関する選択項目
■自治体
A．紹介

1	都道府県の紹介	都道府県の位置、概要、特徴など
2	知事のプロフィール	知事の略歴、実績など
3	知事の直接の声	知事の記者会見
4	知事の日程	主な行事予定
5	知事のコメント	ブログや Facebook 等での継続的な情報発信
6	知事の動画	知事室の LIVE 映像、記者会見やイベント等
7	知事への手紙	市民から知事へ直接メール等
8	対話の場	タウンミーティング等のスケジュールや実績

B．資料公開

1	自治体の政策、方針	重点政策、運営方針など
2	議会情報	議会日程、議事録、報告書など
3	財政状況	予算、支出、税収、IR（県債）など
4	法規集	条例、規則など

5	統計	人口、失業率、消費者物価指数など
6	総合計画とその進捗	政策目標とその到達度合い
7	議案の賛否	議会での条例案に対する各議員（会派等）の賛否態度
8	議会への手紙	市民から議会への直接メール等
9	政務活動費	議員（会派等）の政務活動費（政務調査費）の執行状況
10	行政改革の評価	行政改革の実施項目とその実情

C．生活情報

1	環境	環境保全、自然保護、廃棄物、リサイクル
2	健康	医療、保健、衛生
3	保険	
4	福祉	高齢者、障害者、介護
5	教育	青少年、生涯学習、教養
6	文化、スポーツ	伝統
7	観光	自然、産業、見どころ、物産
8	国際	交流、友好都市、姉妹都市
9	産業、労働	雇用
10	危機管理	気象、防災、救急、新型インフル
11	イベント	行事予定
12	市民参加	ボランティア、NPO、協働

D．共通

1	パブリックコメント	広聴、意見募集、市民の声・手紙
2	個人情報保護	プライバシーポリシー
3	広報資料	自治体が報道機関向けに提供した広報資料
4	サイトポリシー	著作権、免責事項
5	電話番号	問い合わせ先、ホームページ管理または広報担当部署
6	所在地	郵便番号、住所、交通アクセス
7	フォーム	ホームページに埋め込まれたメッセージ送信用のフォーム（メールアドレスへのリンクではない）
8	Webマスタ	代表のメールアドレス
9	パブリックコメントの予定、結果等	パブリックコメントの実施予定、実施中、実施結果が一覧になっており、寄せられた意見に対する見解の公開
10	ソーシャルメディア一覧	公式ソーシャルメディアアカウント一覧
11	ソーシャルメディア投稿アイコン	TwitterやFacebook等でシェアするためのボタンの設置
12	各ページの役立ち評価	各ページの情報が市民の役に立ったかどうかを評価できる

第10章 地方政府の情報発信とアセスメント 223

2. ユーザビリティ（Usability）に関する選択項目
 A．文字、静止画による静的な視覚表現

1	新着情報	日付順の更新情報
2	ナビゲーション	主要なページへのリンクメニュー
3	パンくずリスト	リンクをたどった際に現れる、ファイル階層上の現在位置
4	サイトマップ	サイトの構成を示すページの一覧表
5	サイト内検索	フリーワードによる文字入力が可能な検索窓
6	多言語化	日本語、英語以外のサイト情報の提供
7	子供版	キッズ用にわかりやすくまとめたもの
8	ふりがな対応	ホームページ上の漢字などすべてにふりがなを振ることができる
9	ブログ	首長または職員によるブログによる情報発信
10	携帯版	掲載用サイトへのリンク、QRコードによるアクセス

 B．音声、動画による動的な表現

1	動画	YouTubeなどによる録画型の映像配信
2	インターネット放送	Ustreamなどによる生中継の映像配信

 C．プッシュ型の情報発信

1	RSSによる新着情報	新着情報欄等にRSSのアイコン
2	ポッドキャスト	ポッドキャストおよびその取り込み方法
3	ツイッター	ツイッターアカウントの公開
4	ブログパーツ	ブログパーツのリンク先公開と説明
5	メルマガ	メルマガの登録、削除、過去のメルマガ公開

 D．電子申請等

1	電子申請	市民から行政に対して行う電子ファイルでの申請方法およびそのインタフェースの提供
2	電子調達、電子入札	行政が民間業者から物品等の購入、契約を行う際に、民間事業者がWebを通して応募等ができるインタフェースの提供
3	施設予約	行政で運営、管理している施設を、市民がWebを通して予約申請することができる。

3. 調査結果（得点表）

各評価の結果（集約得点）と順位は次のとおりである（各得点は小数点以下一位を四捨五入）。

内容完備性（42点満点）

	得点	順位		得点	順位
北海道	32	34	三重県	35	12
青森県	31	41	滋賀県	30	47
岩手県	36	3	京都府	34	16
宮城県	36	3	大阪府	31	41
秋田県	31	41	兵庫県	34	16
山形県	34	16	奈良県	31	41
福島県	36	3	和歌山県	34	16
茨城県	34	16	鳥取県	33	25
栃木県	36	3	島根県	32	34
群馬県	33	25	岡山県	33	25
埼玉県	33	25	広島県	35	12
千葉県	33	25	山口県	34	16
東京都	31	41	徳島県	36	3
神奈川県	37	1	香川県	36	3
新潟県	34	16	愛媛県	33	25
富山県	36	3	高知県	32	34
石川県	36	3	福岡県	32	34
福井県	36	3	佐賀県	32	34
山梨県	34	16	長崎県	33	25
長野県	33	25	熊本県	32	34
岐阜県	32	34	大分県	34	16
静岡県	37	1	宮崎県	33	25
愛知県	31	41	鹿児島県	35	12
			沖縄県	35	12

全体の平均は33.64点であった。

ユーザビリティ（21点満点）

	得点	順位		得点	順位
北海道	14	27	三重県	16	8
青森県	14	27	滋賀県	13	40
岩手県	15	15	京都府	16	8
宮城県	13	40	大阪府	17	1
秋田県	14	27	兵庫県	16	8
山形県	15	15	奈良県	15	15
福島県	15	15	和歌山県	13	40
茨城県	17	1	鳥取県	16	8
栃木県	16	8	島根県	14	27
群馬県	15	15	岡山県	14	27
埼玉県	16	8	広島県	14	27
千葉県	15	15	山口県	14	27
東京都	16	8	徳島県	17	1
神奈川県	17	1	香川県	14	27
新潟県	15	15	愛媛県	17	1
富山県	15	15	高知県	14	27
石川県	13	40	福岡県	15	15
福井県	14	27	佐賀県	15	15
山梨県	17	1	長崎県	14	27
長野県	12	45	熊本県	13	40
岐阜県	14	27	大分県	12	45
静岡県	17	1	宮崎県	15	15
愛知県	15	15	鹿児島県	14	27
			沖縄県	12	45

全体の平均は14.776点であった。

アクセシビリティ (100点満点)

	得点	順位		得点	順位
北海道	90	2	三重県	85	11
青森県	80	19	滋賀県	80	19
岩手県	85	11	京都府	80	19
宮城県	90	2	大阪府	95	1
秋田県	75	29	兵庫県	75	29
山形県	90	2	奈良県	0	47
福島県	65	41	和歌山県	55	44
茨城県	40	46	鳥取県	90	2
栃木県	75	29	島根県	80	19
群馬県	80	19	岡山県	85	11
埼玉県	90	2	広島県	75	29
千葉県	80	19	山口県	80	19
東京都	55	44	徳島県	65	41
神奈川県	85	11	香川県	70	36
新潟県	80	19	愛媛県	75	29
富山県	80	19	高知県	85	11
石川県	85	11	福岡県	75	29
福井県	70	36	佐賀県	65	41
山梨県	70	36	長崎県	70	36
長野県	75	29	熊本県	85	11
岐阜県	90	2	大分県	90	2
静岡県	85	11	宮崎県	70	36
愛知県	90	2	鹿児島県	80	19
			沖縄県	90	2

注：奈良県のウェブサイトはエラー発生のため0点となっている。

全体の平均は76.7点であった。

フィードバック（40点満点）

	得点	順位		得点	順位
北海道	28	16	三重県	32	7
青森県	9	45	滋賀県	32	7
岩手県	23	27	京都府	32	7
宮城県	32	7	大阪府	36	1
秋田県	22	29	兵庫県	28	16
山形県	23	27	奈良県	27	19
福島県	22	29	和歌山県	22	29
茨城県	14	42	鳥取県	0	47
栃木県	33	4	島根県	13	44
群馬県	26	23	岡山県	28	16
埼玉県	25	25	広島県	21	35
千葉県	29	13	山口県	14	42
東京都	33	4	徳島県	29	13
神奈川県	6	46	香川県	29	13
新潟県	16	41	愛媛県	20	38
富山県	22	29	高知県	33	4
石川県	31	12	福岡県	19	39
福井県	26	23	佐賀県	27	19
山梨県	27	19	長崎県	25	25
長野県	27	19	熊本県	21	35
岐阜県	32	7	大分県	22	29
静岡県	34	3	宮崎県	21	35
愛知県	35	2	鹿児島県	18	40
			沖縄県	22	29

全体の平均は 24.38 点であった。

参考サイトと文献

西本秀樹ほか（2014）『地方政府の効率性と電子政府』日本経済評論社。

西本秀樹（2016）「ウェブ・アセスメントによる自治体の電子政府サービス調査」龍谷大学社研年報（46号）論文（報告）。

Aamva (2001) "E-Government: A Cost Model to Compare the Marginal Costs of Traditional DMV Transaction Delivery to an E-Government Delivery System. AAMVA Electronic Government Working Group, America" [Online]. Available: http://www.aamva.org

Agimo (2006) "E-Government Benefits Study", 2006. [Online]. Available: http://www.agimo.gov.au

W. D. Eggers, Citizen Advantage (2004) *Enhancing Economic Competitiveness Through E-Government*, Deloitte & Touche.

D. A. Goings, D. Young and S. H. Hendry (2003) "Critical Factors in the Delivery of e-Government Services: Perceptions of Technology Executives", *Communications of the International Information Management Association*, vol. 3, no.3, pp. 2-15.

G. Hutton (2003) "Building a Business Case for E-Government Portals. Anti-Terrorism Force", Protection Office, Vignette Corporation.

Information Society Commission (2003) "E-Government: More Than an Automation of Government Services", *Department of the Taoiseach*, Dublin.

P. T. Jaeger and K. M. Thompson (2003) E-government around the world: Lessons, challenges and future directions, *Government Information Quarterly*, vol. 20, no. 4, pp. 389-394.

M. Janssenv (2010) "Measuring and Benchmarking the Back-end of E-Government: A Participative Self-assessment Approach", In: Wimmer et al. (eds), 9th IFIP WG 8.5 International Conference, EGOV 2010, Lausanne, Switzerland, pp. 156-167.

Y. Kuo (2003) "A study on service quality of virtual community websites, Total Quality Management & Business Excellence", vol. 14, no. 4, pp. 461-474.

Momentum Research Group (2000) "Benchmarking the eGovernment Revolution: Year 2000 Report on Citizen and Business Demand. Cunningham Communication Commissioned", NIC. [Online]. Available: www.egovernmentreport.com

D. F. Norris and M. J. Moon (2005) "Advancing E-Government at the Grassroots:

Tortoise or Hare?, Public Administration Review", vol. 65, no. 1, pp. 64-75.
A. Ojo, T. Janowski, and E. Estevez (2005) "Determining Progress Towards E-Government: What are the Core Indicators?", in D. Remenyi (ed), 5th European Conference on E-Government, Antwerpen, pp. 313-322.
Peoplesoft (2002) "Creating a Constituent-Focused Government", PeopleSoft Inc. [Online]. Available: http://whitepapers.zdnet.co.uk
C. G. Reddick (2005) "Citizen Interaction with E-Government: From the Streets to Servers?", *Government Information Quarterly*, vol. 22, no. 1, pp. 38-57.
J. Sharrard, J.C. Mccarthy, M.J. Tavilla, J. Stanley (2000) "Sizing US eGovernment", The Forrester Report.
J. Shutter and E. Graffenreid (2000) "Benchmarking e-Government", NIC publications, Momentum Research Group. [Online]. Available: http://www.nicusa.com/pdf/EGOV_Benchmark.pdf
M. Symonds (2000) "Government and the Internet: Sign on the dot.com line", *The Economist*, vol. 355, no. 8176, pp. 27.
UNPAN 2010 "Leveraging E-government at a Time of Financial and Economic Crisis". [Online]. Available: http://www.unpan.org/egovkb/global_reports/08report.htm
P. Wauters and P. V. Durme (2004) "Online Availability of Public Services: How Does Europe Progress? Web Based Survey on Electronic Public services", Cap Gemini Ernst & Young.
World Bank, Electronic (2002) "Government and Governance: Lessons for Argentina", The World Bank Group.
World Markets (2001) "World Markets Research Centre Global E-Government Survey 2001". [Online]. Available: http://www.worldmarketsanalysis.com/e_gov_report.html

執筆者一覧

編著者
西垣泰幸（にしがき・やすゆき）龍谷大学経済学部教授

執筆者
西本秀樹（にしもと・ひでき）龍谷大学経済学部教授
仲林真子（なかばやし・みちこ）近畿大学経済学部教授
Werner Pascha：Duisburg-Essen University, Institute of East Asian Studies and Mercator School of Management, Faculty of Business Administration, Professor
Wong Meng Seng：Nottingham University, Malaysia Campus, Business School, Associate Professor
東裕三（ひがし・ゆうぞう）神戸市外国語大学客員研究員
矢杉直也（やすぎ・なおや）龍谷大学大学院経済学研究科博士課程、京都市役所
中西将太郎（なかにし・しょうたろう）京都府教育庁

〈龍谷大学社会科学研究所叢書第 112 巻〉

地方分権と政策評価

| 2017年2月28日　第1刷発行 | 定価（本体4200円＋税） |

　　　　　　　　編著者　西　垣　泰　幸
　　　　　　　　発行者　柿　﨑　　　均

　　　　　　　　　発行所　株式会社　日本経済評論社
　　　　　　　〒101-0051　東京都千代田区神田神保町3-2
　　　　　　　　電話　03-3230-1661　FAX　03-3265-2993
　　　　　　　　　E-mail：info8188@nikkeihyo.co.jp
　　　　　　　　　URL：http://www.nikkeihyo.co.jp/
装幀＊渡辺美知子　　　印刷＊藤原印刷・製本＊高地製本所

乱丁落丁本はお取替えいたします。　　　　Printed in Japan
Ⓒ NISHIGAKI Yasuyuki 2017　　　　ISBN978-4-8188-2461-4

・本書の複製権・翻訳権・上映権・譲渡権・公衆送信権（送信可能化権を含む）は、
　㈱日本経済評論社が保有します。
・JCOPY〈㈳出版者著作権管理機構　委託出版物〉
　本書の無断複写は著作権法上での例外を除き禁じられています。複写される場合
　は、そのつど事前に、㈳出版者著作権管理機構（電話 03-3513-6969、
　FAX 03-3513-6979、e-mail: info@jcopy.or.jp）の許諾を得てください。

地方政府の効率性と電子政府
　　　　　　　　　　西本秀樹編著　本体 4200円

ｅデモクラシー・シリーズ　1
ｅデモクラシー
　　　　　　　　　　岩崎正洋編　本体 2500円

ｅデモクラシー・シリーズ　2
電子投票
　　　　　　　　　　岩崎正洋著　本体 2500円

ｅデモクラシー・シリーズ　3
コミュニティ
　　　岩崎正洋・河井孝仁・田中幹也編　本体 2500円

ｅデモクラシーと電子投票
　　　　　　　　　　岩崎正洋著　本体 2500円

シリーズ　社会・経済学を学ぶ
地域問題をどう解決するのか
　──地域開発政策概論──
　　　　　　　　　　小田清　本体 3000円

地方財政・公会計制度の国際比較
　　　　　　　　　　関口智編著　本体 5400円

経済学にとって公共性とはなにか
　──公益事業とインフラの経済学──
　　　　　　　　　　小坂直人著　本体 3000円

国際公共政策叢書　16
自治体政策
　　　　　　　　　　佐々木信夫著　本体 2000円

日本経済評論社